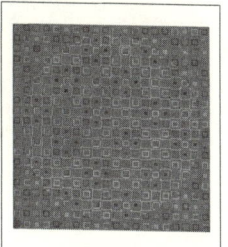

丸山眞男をどう読むか

講談社現代新書

目次

引用について

丸山眞男の文言の引用は、『丸山眞男集』（全十六巻、岩波書店　一九九六）、『丸山眞男座談』（全九冊、岩波書店　一九九八）、『丸山眞男講義録』（全七冊、東京大学出版会　一九九八―二〇〇〇）によった。引用個所の指示は引用文の末尾に左記の要領でおこなった。

『丸山眞男集』　（集十六・244）
『丸山眞男座談』　（座談二・203）
『丸山眞男講義録』　（講義録一・212〜213）

カッコ内はいずれも、（シリーズ名・巻冊数・ページ）を示す。

なお、引用文中の傍点は一論文の文章全体を背景にして強意その他を示すものだから、抜萃の引用では不用と思われるものが多く、それらについては打たなかった。また、『丸山眞男講義録』には、〔　〕や〈　〉など、編集上の記号がたくさん出てくるが、読みやすさを考えて、その多くを省略した。

第一章 知的社会と民衆の生活

戦中・戦後をつらぬくリベラリズム

丸山眞男は生涯を通じて知的社会の住人でありつづけた。

高名なジャーナリスト丸山幹治（侃堂《かんどう》）の二男として生まれ育ったという家庭環境からしても、東京府立一中を経て一高、東大へと進んだその学歴からしても、知的社会に生きるか、官界ないし財界のエリートとして生きるかがまずは順当なコースであり、そのコースに乗るようにして丸山眞男は、東京帝国大学法学部助手、同助教授、同教授、と歩みを進める。助手になったのが一九三七年、助教授が一九四〇年だから、いずれも戦時下のことだが、軍国ファシズムが日本社会に大きく広がるなか、東大法学部には、そこから隔離されたようなリベラルな雰囲気があった。

軍国ファシズムに強い疑念をもつリベラリスト丸山眞男にとって、東大法学部での研究生活は心理的な安らぎをあたえてくれただけでなく、現下のファシズム体制にたいする学問的抵抗という意味をももっていた。研究の成果は、戦後、『日本政治思想史研究』（東京大学出版会）という一書となって広く世に問われることになるが、戦争が泥沼化するなかで書かれた明快・雄弁なその論稿は、ファシズム体制への抵抗意識をひそやかな思想的ばねとして表現へとむかったものであった。

敗戦を機にファシズム体制は崩壊し、日本社会はアメリカ占領軍の主導のもとに、民主化にむかって大きく方向転換していくが、丸山眞男の思想的姿勢も、東大法学部研究室の学問的雰囲気も、戦中のそれと驚くべき一貫性を保っていた。戦後にはじめて発表した小文「近代的思惟」の書きだしは、こうなっている。

私はこれまでも私の学問的関心の最も切実な対象であったところの、日本に於ける近代的思惟の成熟過程の究明に愈々《いよいよ》腰を据えて取り組んで行きたいと考える。従って客観的情勢の激変にも拘わらず私の問題意識にはなんら変化がないと言っていい。(集三・3)

「客観的情勢の激変」は人びとの思想をも問題意識をもゆさぶらずにはいない。そして、そこに大小さまざまな変化が生じないでは済まない。そのなかで自分の問題意識の不変をいう。戦中・戦後をつらぬくおのれのリベラリズムにたいする自信と誇りを、そこに読みとっていいのかもしれない。

いまの小文の発表が一九四六年一月。それから数ヵ月のちに雑誌『世界』(一九四六年五月号)に論文「超国家主義の論理と心理」が発表される。これは、戦後日本の言論界に大きな衝撃をあたえ、丸山眞男の名を広く世に知らしめるものとなったが、それでもその思想的一貫性はゆらがない。これをきっかけに、過去の日本政治思想史の研究に現代政治の動向にかんする批判的研究が加わる、という問題意識の拡張はあっても、知的社会の住人としてリベラリズムをつらぬく、というその思想的姿勢は変わるところがなかった。

以後、丸山眞男は学者として、また、思想家として、学界や言論界において多くの視線の集まる存在となった。一九六〇年の安保闘争の前後が、おそらくその名のもっともよく聞かれた時期だろうが、それ以前も、それ以後も、丸山眞男が忘れられた人になるようなことはなかった。

一九七一年三月、定年を待たずして東大法学部教授を辞職。辞職後も、以前ほどの華々しさはないものの、論文「歴史意識の『古層』」や「闇斎学と闇斎学派」、論文集『戦中と戦後の間』(みすず書房)、『後衛の位置から』(未来社)、講読にもとづく著作『「文明論之概略」を読む』(岩波新書上・中・下)などが、そのつど言論界の話題を呼んだ。死の前年に『丸山眞男集』全十六巻別巻一巻(岩波書店)の刊行がはじまり、また、死後に『丸山眞男座談』全九冊(岩波書店)、『丸山眞男講義録』全七冊(東京大学出版会)が刊行された。亡くなったのは、一九九六年八月十五日、享年八十二歳。十一日後に「丸山眞男先生を偲ぶ会」が催され、多数の参列者が献花した。

知的社会の住人として

このようにざっと経歴を追っただけで、丸山眞男が日本の知的社会の目に立つ住人の一人であったことはあきらかだ。目に立つ以上、称賛のことばも批判や非難のことばも数多く寄せられることになったが、そのことをもふくめて、丸山眞男は、知的社会の住人という自分の位置を受けいれていた。

いや、受けいれるといういいかたでは消極的にすぎるかもしれない。戦争下とちがって、戦後においては、学問研究にいそしむことがそのまま社会体制への抵抗を意味することはなかったが、とはいえ、抵抗感のないまま知的社会に居心地よくおさまるのではなく、知的社会の動向を見すえた上で、そこで自分がどういう位置をとり、どう生きていくのかを模索する積極性が丸山眞男にはあった。日本ファシズム論や日本の近代化論にとりくむことが、すでにしてその模索のあらわれだったが、それだけではない。日常の言動においても、知的社会で知的に生きるとはどういうことかが問われていた。

たとえば、いま未知の編集者とかどこかの会社の人が訪ねてきたとします。名刺を出されれば、ああ何会社の人かと思います。だけど、何か世間話でもはじめれば、編集者も何会社の社員も何大学の教授もへったくれもない、ただの一人の人間と一人の人間とがダべっているという感じにすぐなっちゃう。普遍的というのはそういう感覚のかたちでわたしのなかにあるんです。（座談七・118〜119）

こういうつきあいかたは、丸山眞男の周辺では、ごく普通のものだったろうか。わたしが大学の研究者と多少ともつきあいをもったのは一九六〇年から七〇年にかけての十年間、場所は東大文学部の哲学研究室というせまい空間だったが、そこでの経験からすると、丸山眞男のいう普遍的な感覚は、ごく少数の人にしか備わっていなかったように思う。肩書へのこだわりを捨てきれない、というのが一般的だったように思う。

ただ、それは無自覚なままに保持されている心事だったから、関係をただの一人の人間と一人の人間のつきあいへと引っぱっていく強い力があれば、全体がその方向へ動くことも考えられなくはなかった。丸山眞男の周辺で普遍的感覚がどの程度に共有されていたかはわからないが、かりにわたしの生きた空間とそうちがわなかったとしても、丸山眞男の名声と人となりをもってすれば、普遍的感覚を広めていくことはむずかしくはなかったと思う。そして、普遍的な感覚の共有は知的緊張を高める上で有効に働くのはまちがいないから、丸山眞男という学者は、その存在そのものがなにほどかは知的社会を活性化するものと感じられたのではなかろうか。

普遍的感覚の具体的なありようを、その交友関係のうちに見ておこう。まずは、家が近くにあり、好《ハオ》さんと呼んで親しくつきあった中国文学者竹内好《よしみ》との交友。

好さんがもっと早く生まれていたら、たとえば維新か、明治前期の時代に生まれていたら必ず大新聞記者になっていたと思いますね。大学教授にならず、また文学者にもならず、きっと大ジャーナリストになっていたと思う。……好さんの成長した時にはもう商業紙はみな大新聞の時代になっているわけですね。ところが皮肉なことに大新聞は大新聞記者を生まないようにできている。巨大な発行部数をもった日本の大新聞の記者のモデルは社会部の事件記者だし、誰々番の政界記者です。ところが明治の日本新聞とか万朝報とかいった、いわゆる硬派新聞の記者のモデルは論説記者です。そうして時事問題から文学芸術論まで手がける。山路愛山・三宅雪嶺・黒岩涙香といった流れ――好悪はともかく徳富蘇峰もその流れの中にいます。言論人・編集発行者・思想家の三位一体です。その系譜の最後に近く長谷川如是閑が来るわけです。深い学殖と借りものでない哲学的素養をもって、そういうものを背景として時論を書く――これこそまさに好さんじゃないですか。

(集十二・38～39)

友人の思想的資質をその核心においてつかむ観察の的確さ。そこから山路愛山・三宅雪嶺・黒岩涙香・徳富蘇峰・長谷川如是閑へとつながっていく連想のゆたかさ。ひるがえって、現在のジャーナリズムの欠陥を剔抉《てっけつ》するするどい批評眼。

竹内好を読むたびに、どうしてどの論文もこう坐りがわるいのか、いぶかしく思っていたのが、大ジャーナリストになるべくしてなれなかった学者もしくは文学者という丸山眞男の竹内好評に出会って、謎が解けたように感じたことを思いだす。同じ文章のなかに、「福沢の『脱亜論』の位置づけから、太平洋戦争勃発のニュースの受けとめ方まで、……ぼくの側からすれば、考え方のちがっている面を強く意識して来たんです。考え方がちがうからこそ好さんから学べると思って来た。畏友とか益友とかいう言葉は、ぼくが好さんにたいして用いるかぎり、単なる修飾じゃない」(集十二・36〜37)ということばがあるが、さきの引用に見られるような、知的な友情に裏打ちされた心のこもる竹内好論は、益友への見事な恩返しになっていると思う。

さわやかな応待

つぎに見るのは、長谷川如是閑との交友をめぐる一文である。長谷川如是閑の名はさきほどの引用文にも出てくるが、丸山眞男が、南原繁とならんで自分の二人の先生の一人と目して尊敬する人物である。

いま「如是閑さん」とか「長谷川さん」とか言いましたけれども、皆さんご承知と思いますが、如是閑さんを囲繞《いにょう》していた人びとは、「翁《おきな》」というふうに如是閑さんのことを言っていました。

ところが、私の父は昔からの友人だから呼び捨てですね。「長谷川」、あるいは「長谷川のやつは」という言い方です。それから母は「長谷川さん」ですね。自然、子供も「長谷川さん」、あるいは「如是閑さん」と言っていたのです。

ところが、私の先生である、たとえば大内（兵衛）先生や蠟山（政道）先生など、私が学校で直接講義を聞いた先生、そういう人達は、みんな「翁」と呼びます。……そういう人が「翁」って言うのに、こちらが「長谷川さん」と言うと、何か友達みたいで生意気に聞こえるのですけれど、「翁」という呼びかたをしたことがないものですから、そういう意味ではむしろ昔から呼んだなりに、「如是閑さん」あるいは「長谷川さん」と言った方が自然なのですね。本当は私にとって「先生」なのですけれども、さりとて先生と呼ばれるのは如是閑自身が嫌いでした。

ただ、筑摩書房から出た『近代日本思想史講座』の月報のために如是閑と短い対談をやりましたときには、これは公のものですから、そういう場で私との個人的関係の説明ぬきで「如是閑さん」とか「長谷川さん」とか言うのは不遜に聞こえますから、しようがなく「先生」という言葉を使っています。（集十六・126〜127）

師弟関係というのは、つくづく厄介なものだと思う。呼び名に「先生」をつけるかつけないかでこんな悩ましいことになってしまう。わたしは若いころから人のことを「先生」と呼ぶのがきらいだったし、やや年をとって自分が「先生」と呼ばれる場面に出くわすと、なんとも気持が落ちつかず、自他ともに「先生」なしで行くのを基本方針としているが、とはいえ、どこまでもそれで押しとおせるわけはないし、押しとおすのがよいとも思っていない。実のところごくまれに「先生」ということばが口を突いて出ることがあるし、人から「先生」といわれたとき、しかたなく受けいれるか、「やめてください」と強く出るかでよく心がゆれる。

ただ、場面場面でどう対応するかとは別に、一人の人間として相手とどうかかわるかを考える上で、たがいの呼びかたがたんなるその場しのぎを超えた意味をもつことはたしかにあって、右の丸山眞男の発言は、そこに視線がとどいているがゆえに、読んでいてさわやかなのだ。長谷川如是閑以外の師にいいおよんだほかの機会の発言を見ると、「南原繁先生」「宮沢俊義先生」といった具合にごく自然に「先生」が使われていて、アカデミズムの優等生とはそういうものかと皮肉の一つもいいたくなるが、彼我のそういうちがいをふまえた上でなお、右の発言をさわやかだと思う。

ついでにいうと、文中にある「翁《おきな》」という呼称はどんなニュアンスで使われたものか。わたしには、そんなゆかしげな呼称が存在するというだけで驚きだが、丸山眞男の世代にとっては世間一般に通用する呼び名だったのか。長谷川如是閑の周囲の人びとがみんな「翁」を使っていたとすると、如是閑はよほどその呼び名にふさわしい人だったのか。右の発言は「如是閑さんと父と私」という座談会のなかでのもので、そもそもこの座談会が、人びとの記憶から遠ざかりつつある如是閑をあらためて顕彰しようとする意図をもっていて、ために「翁」への好奇心がいっそうつのるのかもしれないが。

ちなみに、わたしの塾の小中学生はわたしのことを「おっちゃん」と呼ぶ。親しみのこもった呼び名でわたしには好ましいが、「翁」にもそれに通じるような親しさがこめられていたのだろうか。

日常の場に働く知性

竹内好と長谷川如是閑は、一方は同僚、他方は先輩というちがいはあっても、ともに丸山眞男が親しんだ友人だが、つぎにあげる村上一郎とのかかわりは、交友ともいえないほどの淡い交わりである。が、にもかかわらず、知的社会における丸山眞男の生きかたをよく伝えている。引用するのは、村上一郎の死の直後、妻・村上栄美に宛てた手紙である。

前略、今朝の新聞で悲報を知りました。私は御主人とは知己ではなく、たしか数年前に吉祥寺の古本屋で私に声をかけて自ら名乗り出た人がおり、それが村上さんで、村上さんと顔を合せたのはとうとう、これが最初で最後になりました。けれども村上さんのお書きになったもの、とくに体験を基礎とされた日本帝国軍隊の分析はきわめて強い印象を私に与えたのを覚えております。それは——海軍と陸軍とのちがいもあったにせよ——私が戦争直後に発表した日本軍隊論の至らぬところを鋭く衝いたものとして、教示される所多大でした。いま、御悲報に接してあらためてその事を想起し、故人の霊に感謝致したいと存じます。御とりこみのところ、また直接の交友関係もなかった私が御邪魔するのもいかがと存じ、遠くからそっと御冥福をお祈り申し上げます。とりあえず一筆まで。

草々

村上栄美様

御許に

（集十六・244）

丸山眞男と村上一郎はともに知的社会を生きる人だったが、その位置は遠く離れたところにあった。一方を理知の人というなら、他方は情動の人であり、かれをインタナショナリスト（国際人）といいうべくんば、これはナショナリスト（愛国者）であった。戦争下での軍隊への入りかたも、軍隊での身の処しかたも、さらには、敗戦後における軍隊のとらえかたも、たがいに大きく隔たっていた。

その隔たりを踏まえた上で、しかし、相手から知的に裨益されること大きかった、と謝意を表したのが右の引用文である。学問研究には批判こそが大切であることを実物証明するような文章で、相手が未知に近い人だけに、なおのこと印象がすがすがしい。

この手紙、実は、まったくの私信として書かれたのだが、事情がからんで二ヵ月後に『磁場』（国文社）臨時増刊・村上一郎追悼特集号に掲載されることになった。掲載に当たっては、「附記」として『磁場』編集部宛の丸山眞男の手紙が併載されている。そこには、小さな文章の公表に際しても、その是非を丁寧に考えようとする丸山眞男の姿勢が浮かびでている。一部省略して引用する。

村上さんの奥様にとりあえず差上げましたお悔みの手紙はまったく私信であって、およそ発表されるなどとは予期しなかったものです。……私と故人とは、わずかに一度古本屋の店頭でお会いしたきりで、その前後を通じて全く御交際がありません。……私よりも何層倍か故人とおつき合いの深かった方々をさし置いて、何故私がとりあげられたのか、率直に申して疑問に思います。私のもっとも嫌いな言葉を敢て使うならば、「社会的知名度」を選択基準の一つにするのは、おそらく、故人の御遺志からも遠いのではないでしょうか。けれども他のこととは異りますし、とくに奥様の御気持はお察しするに余りあります。……そこで、もし奥様のたっての御希望ということでしたら、この手紙も「後記」のような形で添えて、文集のなかにお加え下さい。……（集十六・245）

悔みの手紙を書くに至った心理の再現、故人との距離の測定、掲載を要請された雑誌とそこでの特集の性格の把握、故人の周辺の人びとへの配慮。——学術論文とはちがって、格別の準備もなく書かれたであろう手紙に、これだけの実質的な内容が盛りこまれているのだ。知性が日常の場でも生き生きと働くさまを思わずにはいられない。状況を構成するさまざまな要素への目配り、二重三重の内省、事態を冷静に観察する批判的な目、具体的な場での具体的な条件に即した思考、等々、生活場裡に働く知の特質を、短い文面のうちにはっきりと読みとることができる。悔みの手紙を受けとった村上一郎夫人栄美も、「附記」として掲載した後便を受けとった『磁場』の編集者も、手紙の書き手の真率な心情に加えて、知的な澄明さにもふれる思いがしたにちがいない。

軍隊と高等学校

わたしはいま、日常の場で働く知性、とか、生活場裡に働く知性といった。

たしかに、引用した二つの手紙に見られる知性はそう呼ぶにふさわしい働きかたをしているし、その前に引用した、長谷川如是閑の呼称をめぐる発言にしても、竹内好のことを回想した発言にしても、知性が日常的に働くさまを示す実例と見なして、なんの差しつかえもない。

では、丸山眞男の知性はどんな日常でも、どんな生活場裡でも、生き生きと働くといえるのだろうか。

そう問うとき、そうだ、どんな場面でも生き生きと働くのだ、とはどうしてもいいきれない。それがわたしにはもどかしい。その知性は、日常のごく普通の暮らしのなかで働くというより、日常は日常でも、いうならば知的な日常に働くものと思えるのだ。

さきの三つの実例を振りかえってみる。つきあいの相手たる竹内好も長谷川如是閑も村上一郎も、いずれ劣らぬ知的社会の住人である。その人たちとの知的なつきあいが丸山眞男のもっぱらの観察対象である。村上一郎はともかく、竹内好と長谷川如是閑にたいしては、丸山眞男は友人として親しくつきあうという関係にもあったから、知をぬきにした、もっと卑近なつきあいもあったかもしれないが、それはおもてには出てこない。出てこないことによって、かえってつきあいが知的に透明なものとしてあらわれるように、あれらの文はつづられている。日常を知の次元へと押しあげ、確保された知の次元で生き生きと働く知性。それが日常の場における丸山眞男の知性のありようである。

が、わたしたちの日常は、いつでも知の次元への押しあげが可能なようにはできていない。知の次元の確保などとうていおぼつかないようなつきあいだって、めずらしくはない。そういう場面に行きあたったとき、丸山眞男の知性はどう働くのか。

軍隊の経験を例に、そのありさまを見てみる。

まず、高等学校の経験と軍隊の経験を類似のものとして回想した丸山眞男自身のことばをあげる。

ぼくの経験では中学まではほとんど同質的な奴が集まってましたね。高等学校にはいると全国からお国なまりまる出しの奴、三年ぐらい浪人した奴、新聞配達やってた奴、いろんな奴がいるんですね。だからはじめて寮に入ると実に異質な奴の中に放り込まれて、えらい所にはいってきたという感じだった。……ぼくの場合、……まず高等学校が異質なものとの接触の始まりですね。ついで留置場体験——これは特別だからはずします(笑)。もうひとつ広くあるのが軍隊経験ですね。ここでまた全然異質なものとぶつかる。何しろ中学以上というのが非常に少ないうえに、大学出なんてのは一にぎりしかいない。ロシアの大地主のインテリがもっとはるかに深刻に感じたであろうような、自分が大衆から浮き上がっているという感じ、国民そのものとは違うという感じを、ここで持ちますね。とくにぼくは縫いものなんか不器用でね(笑)、武装して集合するのもビリの方で、これもコンプレックスだった。

(座談七・62〜63)

なるほど、こういういいかたもできるのか、と思わせる発言ではある。高等学校と軍隊が、二つながら異質なものとの出会いの場であった、という感懐には、体験的な真実がこめられているのであろう。

が、同じく異質なものといっても、高等学校で出会った異質なものと、軍隊で出会ったそれとは、その異質性に大きな隔たりがあったはずだ。高等学校に存在する異質な要素は、入試という特別の篩《ふるい》にかけて選別されたもののあいだに見られるものであって、やがては知的な同質性、ないし、社会的なエリートとしての同質性へとむかうことが期待できる異質性だったのにたいして、軍隊の異質性は、社会を構成する異質な要素が、軍隊という特殊な空間に無作為に投げこまれたところに生じるもので、知的同質性やエリート的同質性は求めうべくもなく、ありうる同質性としては、規律と強制にもとづく日常の行動や軍事行動の同質性しかなかったのだから。さきの引用文に、「自分が大衆から浮き上がっているという感じ、国民そのものとは違う感じ」ということばがあるが、軍隊でいだいたこの感じを、丸山眞男は高等学校でもいだいたかどうか。いだくことがなかったか、いだいてもそう長続きはしないものだったかのいずれかではなかったか。高等学校の異質性と軍隊の異質性との落差は、そういう「感じ」のちがいのうちにも見てとることができる。

軍隊への嫌悪感

そのような隔たりをもつ二つの集団にたいして、丸山眞男は大いにちがう姿勢をもってかかわった。

異質性がやがて知的同質性ないしエリート的同質性へとつらなりゆく高等学校にたいしては、しだいにそこに親和感を覚えるようになった。知的青年のつねとして、属する集団やそこに生きる自分にたいして不平や不満がなかったはずはなかろうが、大筋では、集団を受けいれ、集団から受けいれられるようになっていった。

軍隊については、そうはいかなかった。

軍隊での異質なものにたいする異和感は、親和感へとむかうことがなかった。軍隊で「大衆から浮き上がっている」と感じた丸山眞男は、「大衆」の地平に下降できるとは思わなかったし、下降しようとも、下降したいとも思わなかった。

残るのは、解消さるべくもない異和感をかかえつつ、その日その日をやりすごすという道だ。どう考えても、つらい日々である。異和感が嫌悪感へと傾いたとしても、ふしぎではない。丸山眞男はいう。

本当に〔軍隊を〕経験した人ならば、いかなる形でもあれ、日本が軍隊を持つということはまっぴらだという、全人間的な反発感情があるのが、当然じゃないかと思うのです。抽象的な議論としては、〔軍備の必要について〕いくらでも言えるけれども、ぼくはどんな場合でも軍隊は御免だという感じだナ。

（座談一・280）

冷静な知性を持味とする丸山眞男が、めずらしく感情をおもてに出している。発言は、敗戦四年目の一九四九年。戦争の惨禍の跡がいまだ至る所に見られ、反戦ないし厭戦の気分が巷に横溢し、とりわけ知的社会ではそれが強い共通感覚となっていた時代ゆえの感情的口調、と考えられなくもないが、「軍隊は御免だ」という思いに嘘いつわりはなかった。
右の発言から九年経った一九五八年にも、まったく同じ趣旨の発言がある。

軍隊の居心地がよかったというような話があったけれど、ぼくはやっぱり軍隊ほどいやなところはなかったっていうよりほかないし……。いま愛知大学にいる副島種典さんが上等兵で別の隊にいましたが、八月の十六日か十七日頃に顔を合せて、「どうも悲しそうな顔をしなけりゃならないのは辛いね」と話し合ったのをおぼえています。事実の通り、当時の気持を語れっていわれたらそういうよりないんですよ。（座談二・203）

一九四五年八月十五日の日本降伏の詔勅については、多くの人が多くの思いを語っているが、その翌日か翌々日に、「どうも悲しそうな顔をしなけりゃならないのは辛いね」と思う丸山眞男は、ここでもまた、「大衆から浮き上り」「国民そのものとは違う」人間として敗戦を迎えているといっていいだろうと思う。敗戦ときまったからには、一刻も早く軍隊を離れたいとの思いが募ったにちがいない。

事実は、敗戦の約一ヵ月後（九月十二日）に召集解除となり、その二日後に復員なって、丸山眞男の軍隊生活はおわりを告げる。

見られるように、丸山眞男の軍隊ぎらいは徹底し、首尾一貫している。そして、そこでの「全人間的な反発感情」が戦後の日本ファシズム論執筆の大きな推進力となったことは想像に難くない。

民衆の社会との切断

が、ここで問題にしたいのは、そのことではない。いま問いたいのは、軍隊ぎらいの感情が、軍隊で出会った異質のもの——丸山眞男のいう「大衆」あるいは「国民」——にたいする知的理解を封じていはしないか、という問題である。

もう一度、高等学校と軍隊の対比にもどって考える。ともに、異質なものに出会った場としてあげられたが、高等学校での関係は異和感が親和感へと転じる可能性を予見させたのに、軍隊での関係はそうではなかった。まわりから浮きあがった感じ、まわりとはちがう感じがまずあり、そしてその感じはまわりへの親和感に転じることがなかった。

こうした異和感をうみだす根拠は、いうまでもなく、丸山眞男の住む知的社会と民衆の暮らす世間との切断の大きさにある。日本の近代化は、知的社会と民衆の社会との亀裂を深めるようにして進行していったのだ。丸山眞男は、民衆との疎隔を「ロシアの大地主のインテリがもっとはるかに深刻に感じたであろう」というが、日本のインテリが感じた疎隔もけっして小さいものではなかったはずだ。知的社会になずめばなずむほど、民衆の社会から切断を余儀なくされる。それが、日本の近代化のうみだした社会構造なのだ。

わたしが自分の体験としてそのことを実感するのは、一九六八〜六九年の東大闘争を経て、所沢市の一隅に小さな学習塾を開いたのちのことだ。闘争時の仲間とのつきあいはいまだつづいてはいた。が、塾生や塾生の保護者、近所の人たちとのつきあいがはじまると、知的社会の住人たるかつての友人とのつきあいが、なにがしか気どったものに感じられてくる。といって、近隣の人びととのつきあいが、気どりのない打ちとけたものだというわけではなく、そちらはそちらで気づまりなこと、意にそまぬことが少なくないが、そういうこともふくめて、これまでの知的なつきあいとの感触のちがいに、いたく興味をそそられた。そして、近所づきあいのなかで少しずつ見えてきたのは、日々の暮らしにきざす喜怒哀楽の、その奥行きの深さともいうべきもので、それが楽しめるようになったとき、自分と知的社会との距離が明確に自覚されるとともに、そこを離れて生きるのもわるくないなと思えるようになった。

いまはどうかといえば、ものを書いたり、人前で哲学を講じたりというのは知的な営みにちがいないが、自分が知的社会の住人だという意識は稀薄だ。書斎にこもる時間は短くないが、それ以外は塾生やまわりの人びととのつきあいが生活の主流をなしていて、そういう境遇に生きるものにとって、知的社会は遠い存在なのだ。遠いと感じさせるのは、日本の近代化が作りだした社会構造のゆえであり、わたしたちはいまなおその社会構造の下に生きているのだ。

知的社会と民衆の社会とがそのように切断されているとき、では、知的社会の住人が民衆の社会に近づくことは不可能だろうか。軍隊に入って強い異和感に見舞われた丸山眞男は、民衆の生きる社会とは異なる社会の住人として、異和感をそのままに軍隊を去る以外に道はなかったのだろうか。

それでいい、それも一つの生きかただ、と思えなくはない。そのように軍隊をやりすごした知識人は少なくなかっただろうとも思える。

が、知的社会においてあんなにもしなやかに批判的に知性を働かせ、ただの一人の人間と一人の人間との関係にむかう普遍的感覚を身につけてもいる丸山眞男を思うと、軍隊で異質なものに出会ったとき、その知性と普遍的感覚はどうなっていたのか、と問わずにはいられない。

そう問うとき、その知性も普遍的感覚も、異和感を踏みこえて彼我の隔たりを架橋するようには働かなかった、といわざるをえない。異和感が親和感へとむかうには、異質に見える兵隊たち一人一人の日常の暮らしぶりにたいする興味が生じなければならないが、丸山眞男の知性と普遍的感覚は、そういうふうには動かなかった。民衆の社会にあっては、なにほどか日常の暮らしをともにしつつ、暮らしのなかでなんらかの願望や関心や感情を共有することがつきあいのはじまりをなすが、民衆にじかに接する数少ない機会を前にして、丸山眞男は、知的にも感覚的にも、そういう方向にむかうことはできなかったように思える。知的社会の交友では、仲間の一人一人を具体的な個性として明確にイメージしえたその知性と普遍的感覚が、軍隊内にあっては、立ちすくんでいるかに思えるのだ。

血の通わない兵隊像

敗戦後まもなく執筆された名論文「超国家主義の論理と心理」に見られる、つぎのような図式的な民衆批判も、丸山眞男における具体的な民衆像の欠如をものがたるようにわたしには読める。

今次の戦争に於ける、中国や比律賓《フイリピン》での日本軍の暴虐な振舞についても、その責任の所在はともかく、直接の下手人は一般兵隊であったという痛ましい事実から目を蔽ってはならぬ。国内では「卑しい」人民であり、営内では二等兵でも、一たび外地に赴けば、皇軍として究極的価値と連なる事によって限りなき優越的地位に立つ。市民生活に於て、また軍隊生活に於て、圧迫を移譲すべき場所を持たない大衆が、一たび優越的地位に立つとき、己れにのしかかっていた全重圧から一挙に解放されんとする爆発的な衝動に駆り立てられたのは怪しむに足りない。彼らの蛮行はそうした乱舞の悲しい記念碑ではなかったか。　（集三・33〜34）

「痛ましい事実」などという感情的なことばが使われているからには、暴虐な振舞におよぶ「一般兵隊」の具体的なすがたが多少とも脳裡に思いうかべられているのであろう。暴虐な振舞を誘いだす社会的・集団的メカニズムがひたすら論理的に追跡されている、というのではなかろう。

が、提示された一般兵隊の像には血が通っていない。「抑圧の委譲」ということばは、丸山眞男にとって、日本の軍隊の心理的メカニズムを説きあかすキーワードなのだが、思いうかべられた一般兵隊は、定められた心理的メカニズムにしたがって動くだけで、それへの抵抗も反発も嫌悪も諦念も示す気配がない。

一般兵隊のなかには、たしかに、中国人やフィリピン人にたいする優越的地位をたのみに、衝動的な蛮行に走ったものもいたはずだ。が、それが一般兵隊の一般的なすがただったとはとうてい思えない。戦争という異常な事態のもとで、人びとが異常な心理へと追いやられ、異常な行動へとかりたてられることは十分考えられる。が、それが正常な生活感覚を跡かたもなくぬぐいさることはありえない。戦争に格別の批判や異見をもたなくとも、異常な蛮行にたいして疑問や不審の念が生じないはずはなく、そういう心の波立ちをふくんで蛮行がなりたつところに、いっそうの痛ましさがあるといえるのだ。

むろん、わたしは一般兵隊のうちに反戦や反軍の心情を読みとろうというのではない。軍国ファシズムの時代、反戦や反軍を圧倒する好戦と好軍の気分が日本をおおい、一般兵隊のなかにも好戦と好軍が一般的な気分としてあったことは疑いようがない。そのかぎりで、丸山眞男が軍隊を居心地わるく感じたのも当然のこととして納得できる。

が、軍隊という集団が日常的な暮らしをふくんでなりたつ以上、そこでの生活は、反戦か好戦かといったイデオロギーをも、戦争遂行という非日常的課題をも超えた、日常的な実質をもつ。そして、日常的な実質にふれる生活の次元では、一般兵隊は、兵士でありつつ民衆としても暮らすはずだ。そこでは、兵士それぞれのもつ民衆としての生活経験が顔をのぞかせないはずはない。丸山眞男の発言に関連させていえば、縫いものが器用だとか不器用だとか、着物の着脱がすばやいとかのろいとか。民衆の日常的なつきあいは、そういうなんでもない事柄への興味からはじまり、その人の人柄や生きかたへと関心がおよんでいく。

そうした関心のありかたは、反戦的でも好戦的でもなく、いうなら民衆的というしかないものだが、軍隊という異質のものに囲まれた世界で、丸山眞男はそういう関心をかきたてられなかった。知性が立ちすくんでいたというゆえんだ。

では、立ちすくまぬ知性とはどういうものか。一例として、寺田透の文を引く。寺田透は丸山眞男より一歳年下のフランス文学者。戦後まもなく(一九四八年)、二人は「未来の会」に同人として参加している。

実際おれはあの頃ほど、人間に対する深い敬愛を粗野な形で抱いてゐたことはない。傲慢なおれにも、凍土の上の軍隊生活は、自分がどんなに小さな歯車の一つにすぎないかを飲み込ませてゐたからだ。おれは百姓の兵隊と好んで話した。彼等には失ふべからざる彼等の生活があり、捨てるやうに強ひられたその生活をたえず思ひ出し考へつめるおかげで生ずる思想といふものがあった。おれと同じやうに小さい歯車にすぎぬ彼等のうちには、大地と大地に芽ぐむものと大地に鋤き込むべき人間の能力とのゆたかな資源があった。おれは彼等に訴へずに、彼等との連帯を組織しようとし、彼等に欠けてゐる反逆の精神をひそかに彼等に接種しようとした。着実であってしかも反逆の心得があったら――これはすばらしいことではないか。

彼等と反対に、インテリゲンツィヤといふやつは、何といふ浮薄な、泣き言ばかり言ふ虚栄のともがらであったことだらう。彼等が自由に着られないと言って歎く衣裳が、借り物でなかったかどうかを彼等は検討もせぬのだ、折角の機会なのに。

（『寺田透・評論Ⅰ』176～177）

ここでも民衆の生活と知的社会は切断され、引き裂かれている。そして、寺田透は、丸山眞男にくらべれば、はるかに民衆的なものに親近感をもち、民衆に近い位置で軍隊生活を送っている。

が、どの位置で実際に生活を送ったかについて、その優劣をいうことはできない。位置のとりかたは、当人のそれまでの生活上の経験と、軍隊の具体的な任務や置かれた環境、ともに暮らす人びとの集団的雰囲気、一人一人の生きかた、等々によってなかば必然的に決定されるのだから。なかば必然的な条件にうながされて、寺田透は軍隊生活をなじみやすく感じ、丸山眞男は逆になじみにくく感じた、というまでであって、それぞれはそれぞれの位置で生きるしかなかったのだ。知的な社会については、反対に、丸山眞男のほうがなじみやすく、寺田透のほうがなじみにくく感じていることになるが、それもまた生活経験と客観的条件とのなかば必然的な結果だといっておくしかない。

知の開かれかた

わたしたちが問いたいのは、なかば必然の条件にうながされて一定の位置をとった二人の知性の人の、知の開かれかたである。「一たび優越的地位に立つとき、己れにのしかかっていた全重圧から一挙に解放されんとする爆発的な衝動に駆り立てられた」という一般兵隊像と、「失ふべからざる彼等の生活があり、捨てるやうに強ひられたその生活をたえず思ひ出し考へつめるおかげで生ずる思想といふもの」があり、また、「大地と大地に芽ぐむものと大地に鋤き込むべき人間の能力とのゆたかな資源」があるという農民兵士像。抑圧の委譲という観念をなぞるようにしてイメージされた図式的な兵士像にたいして、具体的な幾人もの兵士を身近に観察するなかから、その奥にある堅固な生活や思想をも透視するようにして彫琢された、ぬくもりのある兵士像。非日常的な境遇のもと、知が外界にむかって開かれるその開かれかたの広狭深浅のちがいは、歴然たるものがあるといっていいのではなかろうか。

軍隊生活になじめたかいなか、あるいは、一般兵士にたいして親近感をもてたかいなか、そのちがいが、知性の目の開かれかたを左右したのだ。そういって丸山眞男を弁護したくなる人もあるかもしれない。が、それは贔屓《ひいき》の引き倒しというものだ。なじめぬもの、親近感のもてぬものにむかって開かれないような知性は、とうてい自立した高度な知性とはいえないのだから。知性の問題は親近感や好意とは次元のちがうものとして考えられねばならないのだ。

そのことをいうためにも、農民兵士に近く、インテリゲンツィアに遠い位置にある寺田透のインテリゲンツィア批判の言をもう少し引いておこう。召集解除になった戦時下、かつてのフランス文学の研究仲間に会った際の異和感を解析した一節である。

あのときおれの拒否したものは知識の連帯性だったらうか。さうぢゃなかった。それによせる無自覚な信仰だった。いや信仰にさへならない安易な受容だった。そこには原始人が、ひもじさをこらへて得た知慧を人に教へまいと利己的になりながら、尚かつ事の成り行きと愛の衝動のために、小出しに伝へて行かざるを得なかったあの苦難に満ちた知識の歴史が忘れられてゐた。それは真の連帯性を組織しようとする意欲の抛棄であった。

（『寺田透・評論Ⅰ』176）

右の引用のすぐあとに、百姓の兵隊のありさまを語ったさきの引用がつづくのだが、強い異和感の表出される右の知識人像においても、寺田透の知性は対象にむかって十分に開かれている。周辺にいる知識人たちの浅薄さと安易さが冷静に見つめられている。悪意ゆえに認識がくもるということがない。

では、丸山眞男の場合はどう考えるべきか。

軍隊で自分とは異質な民衆や民衆的生活とじかに接したとき、丸山眞男がわれわれからそちらのほうに身を乗りだすことはなかった。「百姓の兵隊と好んで話す」ということはなかったろうし、「彼等に訴へずに、彼等との連帯を組織しようとする」気もなかったにちがいない。「どんな場合でも軍隊は御免だ」という実感は、なにより、そこに身の置き場をもてぬ不如意な生活感覚をいったものであろう。

他方また、異質な一般兵士たちと十分に距離をとって、かれら一人一人の仕事ぶり、他人とのつきあいかた、性癖、人格、もののの見かた、考えかたを冷静に観察する、というように心が動いたとも思えない。異質なものへの異和感を、周囲の状況にかんする具体的認識を通じて少しでも解消しようとする方向に知が働いたようには見えない。知性が立ちすくむというのはそのことで、民衆の生活にじかにふれる場にあって、丸山眞男は身も心もちぢこまるようにして生きていたように思われる。

劣位にある外国人にむかって、自分にのしかかる重圧を一挙に解放しようとする一般兵隊、という図式的な民衆像は、そこに起因する。具体的な民衆の暮らしに接するなかで、巨大な暴力装置たる軍隊の規律、指令、教育、イデオロギーをはみだす日常生活の現実性と可能性に目が行かないかぎり、一般兵隊は、軍隊の方針を実行する「直接の下手人」としてとらえられるほかはない。図式的な一般兵隊像は、異和感と嫌悪感をいっぱいにいだいて軍隊に別れを告げた丸山眞男が、古巣の大学研究室にもどり、知的社会の一員という安定した位置を得て、おのれの異和感と嫌悪感に見合うものとして紡《つむ》ぎだしたイメージというべきである。

わたしが不満に思うのは、軍隊生活における民衆との空間的・肉体的な接近の経験が、民衆の生活と知的社会の切断、という、日本近代社会の構造にたいする痛苦の自覚へとつながらなかったことにたいしてだ。

エリート社会と民衆の生活

日本の近代化は、西洋のお手本をすばやく理解し応用できるエリートの育成を不可欠の条件とした。エリート志願者は年々ふえ、やがてエリート志願は社会的風潮となる。一定数に達したエリートは層をなし、民衆の生活とは一線を画した社会を作りあげる。エリートがエリートであるためには、民衆の生活が、エリート社会とは区別されたものとして、エリート社会の下位になければならない。エリート志願とは、上下二つの社会層の存在を前提とするから、そこには上昇願望と切断願望がともどもふくまれる。

知的社会はエリート社会の重要な一翼を担うものだから、それ自体、民衆の生活との切断なしにはなりたたない。アカデミズムとか言論界とか論壇とかの形で知が制度化されるところでは、知の特権的価値を保証するものとして、知の制度の下位に民衆の生活があるという構造が必要とされる。知識人と大衆というとらえかたは、政治の構図である前に、知の制度化が必然的に要請する構図なのだ。知の制度の確立は、知的社会と民衆の生活の切断の固定化と平行して進むのだ。

制度化と固定化が進むと、切断が克服すべき構造として意識されることがなくなり、自然の秩序のごとく見なされる。知的社会の住人にとって、民衆やその生活は遠くにあるのが当然であり、遠くから見たすがたがありのままの実像だと見なされる。

丸山眞男は右にいう切断についてけっして無自覚ではなかったが、とはいえ、十分に自覚的だったともいえない。事は、軍隊生活という特別な境遇における切断の問題にとどまらない。戦後の平和な時代にも、民衆とか大衆とかを思考の主題とするとき、丸山眞男は、切断されたむこう側の世界から具体的な生活のイメージをくみとるのではなく、こちらから見た抽象度の高いイメージをもとに論を進めるのだ。たとえば、つぎのような発言。

明治の文明開化以後の歴史は、社会生活から文化にいたるまで、江戸時代が三百年かかって営々と築きあげてきた、型・形式がひたすら崩れてゆく一方的な過程で、戦後はただその傾向が加速されただけなんです。……大衆社会というのはひとくちに言えば、型なし社会ということでしょう。……江戸時代に儒者が口をすっぱくして言ったことは、人間は礼を知ることで、禽獣《きんじゅう》と区別されるということだった。礼——つまり形式がただなくなるだけだったら、無限に動物に接近する。だからコトバも擬音がやたらに増えてくるのはとうぜんじゃないですか。……もしアカデミーに存在理由があるとしたら、徹底して学問の型を習練することです。（座談七・121〜122）

引用するのが恥ずかしくなるほどの、乱暴な議論だ。

まず、大衆社会が型なし社会だという断定が納得しがたい。

明治以降の近代化はたしかに江戸時代流の型をどんどんこわすようにして進行したが、かわりに近代的な型を随所に作りあげてきたので、それがなかったらそもそも生活がなりたたない。衣食住のどれをとっても、江戸時代と現代では大きくちがっているが、それは一方に型があり他方に型がない、といったちがいではなく、江戸には江戸の型があり、現代には現代の型があって、それが大きくちがうというべきものなのだ。鎖国のおかげで固定性の強かった江戸時代には、洗練された濃密な型が形成され、海外の政治や文化とたえず接触のあった明治以降は、内外新旧のさまざまな要素がからみあって、型の輪郭がつかまえにくくなったとはいえるが、それは、一方に型があり他方に型がないというのとは、まったくちがうことだ。そして、型がつかまえにくいこと、見えにくいことは、なんら非難すべきことではなく、いわんや動物的なことではなく、社会の観察者にとって、かえって知的好奇心をそそってやまない事態だともいえるのだ。

型なしへの非難の延長線上にある「擬音がやたらに増えてくる」という現代語への非難についても、同じことがいえる。擬音の増加が型なしへとむかうわけはなく、擬音の多い型ができるだけのことだ。擬音の多用をうとましく思う人が、そのことを動物的だと非難したり、ことばが乱れていると憤ったりするのは自由だが、そういう非難や憤慨をも内にふくんでことばは生きている。そして、ことばを使う無数の人びとの言語意識の交流と交錯のなかで、擬音が増えたり減ったりする。人間にとって、生きることとことばを話すこととが密接不可分な関係にある以上、生活が型なしになることがありえないのと同様、ことばが型なしになることもありえないのだ。

民衆への異和感

さきの引用では、大衆社会が型なし社会だという断定を受けて、「徹底して学問の型を習練する」のがアカデミーだとされている。型なし社会の救い主が学問だといわんばかりだ。おかしな議論だと思う。

わたしがアカデミーに多少とも縁があったのは大学から大学院にかけての八年間にすぎないから、習練のほどは多寡が知れているが、そんなわたしでも、学問には型があり、型の習練が大切だということはわからないではない。が、それは学問を進めていく上で必要な、学問自身にとって大切な型であって、民衆の生活に必要な型ではない。地域とのつきあいが深くなり、近隣のごく普通の人と哲学の話をするようになっても、生活の型と学問の型との距離は容易にちぢまりそうにはない。学問の型が型なし社会に型をあたえることなどありそうもない。むしろ、学問の型の特殊性を日常の生活に照らしてたえず自覚していることが、市井の研究者の大切な心得だとさえ思える。

アカデミーが学問の型の習練に精力を傾けるのはよい。が、その努力が、大衆社会に型がないから、大衆社会に型を作りだす力になるから、といった理由づけに支えられるとしたら、それは倒錯の論理というしかない。良きにつけ悪しきにつけ、大衆社会には大衆社会の型があり、それは、さしあたり、学問の型とは遠く離れたところで、大衆の生活実態と生活意識に即して、持続し、変化していくのである。

とすると、大衆社会が型なし社会だという断定は、ここでもまた、民衆の生活にたいする丸山眞男の異和感の表出と見て誤まらないということになる。型なしの大衆社会にたいして型の習練に邁進する学問の世界。丸山眞男がどちらの世界に親近感をいだいているかはおのずからあきらかだ。型なし社会というイメージにはリアリティが感じられないが、そのイメージをうみだす大衆への異和感にはたしかなリアリティが感じられる。

章をおわるに当たって、以下のことを確認しておきたい。

さきにわたしたちは「何か世間話でもはじめれば、編集者も何会社の社員も何大学の教授もへったくれもない、ただの一人の人間と一人の人間とがダべっているという感じにすぐなっちゃう」という心の動きを、丸山眞男が、自分のなかにある「普遍的感覚」と名づけているのを見た。その「普遍的な感覚」は大衆の一人一人にまで本当にとどくものだったのか。軍隊生活の経験に照らしても、戦後の大衆社会を見る目の位置からしても、肯定の答えを得るのはむずかしい。同じことを別の面からいっておく。

普遍的感覚をめぐって、丸山眞男にこういう発言がある。

内村鑑三が「人類ってのは隣の八っつあん、熊さんだ」といっている、その意識が本当の普遍です。人類というのは何かこう遠くはるかなところにあるのではなくて、隣にいる人を同時に人類の一員として見る眼ですね。これが普遍の眼です。（集十一・218）

隣の八っつあんや熊さんは顔だちのはっきりした生身の人間だ。それが人類の原型だと内村鑑三はいうのであろう。そして、そうした生身の人間同士のつきあいが人類的なつきあいなのだ、と。

丸山眞男は、竹内好や長谷川如是閑や村上一郎にたいしては、隣の八っつあんや熊さんのようにむきあうことができた。が、名もない八っつあんや熊さんにたいしては、そのようにむきあうことがむずかしかったのではないか。名もない八っつあんや熊さんにたいしては同じ人類としてむきあうことがむずかしかったのではないか。

民衆の生活への異和感ゆえに、民衆のイメージが十分な具体性をもたないこと。そのことをいまは右の疑問形のうちにこめておきたい。

第二章　日本ファシズム論

行動する大学教授

一九四五年の敗戦を機に、丸山眞男は居心地のわるい軍隊から解放された。復員してきた東京は、空襲の焼け跡なまなましい貧困と混乱の都会だった。時代は大きく方向を転じる。陸海軍は完全に武装解除され、政治犯は釈放され、特高警察は廃止される。占領軍の指令・指導のもとに軍国主義体制は解体され、国家社会の民主化にむかってつぎつぎと新しい施策が実行に移される。その方向転換を丸山眞男は共感をもって受けとめ、それを実りあるものにするため進んで行動しようともした。『丸山眞男集』別巻の年譜から、敗戦後一年間の目につく行動を拾いだしてみる。

一九四五年十月　田中耕太郎東大教授とともに近衛文麿国務大臣と首相官邸で面会。憲法改正についての意見をきかれる。

同年同月　瓜生忠夫、内田義彦、桜井恒次、中村哲らと青年文化会議を結成。

同年十一月　緑会大会(復員学生歓迎会)で日本軍隊の前近代性や超国家主義について「軍隊内務令」を引用しながら講演。

同年十二月　三島文化協会主催の講演会で「明治の精神」と題して講演。
一九四六年二月　思想の科学研究会設立に参加。
同年同月　東京帝国大学憲法研究委員会委員となり、書記役をつとめ憲法改正手続きについてまとめた第一次報告書を執筆。
同年同月　二〇世紀研究所設立に参加。
同年五月　「超国家主義の論理と心理」を『世界』五月号に発表。
同年七月　二〇世紀研究所の北陸二〇世紀教室で講演。

行動といっても、社会運動家としての行動ではなく、もっぱら学者ないし大学教授としての行動だが、それが時代の民主化の流れに沿うものであることは、これだけの簡単な記事からも納得される。占領軍主導のもとに進行する日本の民主化にたいし、丸山眞男は、自分の学問研究がそこに生かされることに喜びを感じ、若き学者としてその推進役の一人たらんとしたのだ。

そういう思いは、戦後に活躍した多くの知識人の共有するところで、民衆がとまどいながら民主化政策を受けいれたことと対比していえば、戦後民主主義はいち早く知的社会に広がり、知的社会の住人の啓蒙活動を通じて民衆のなかにもしだいに広がっていったといいうことができる。その広がりかたは、思えば、明治期、西洋近代思想が堰を切ったように流れこんできたときと、よく似た形をとるものだった。

明治の近代化は、よく、外からの近代化であり、上からの近代化であるといわれる。戦後の民主化はどうか。占領下という政治的条件のもとで占領軍主導でおこなわれたという点では、明治以上に外からの民主化といってよかろう。上からか下からかについては、戦争の中心的指導者が力を失い、軍部・官僚・財閥・地主といった指導層も民主化を積極的に担う勢力ではなかったから、明治ほどには上からの変革ではなかったが、知識人の啓蒙活動に依存するところが大きかったことからして、下からの変革というわけにもいかなかった。戦後の民主化は、さしあたり、戦前・戦中の封建的体制、軍国主義体制の打破を大きな目標とするものだったが、民主主義がまさしく民衆を主人公とする体制として確立されるには、変革は、前章で問題にしたような、知的社会と民衆の生活の切断をどう克服するか、という問題に行きあたらずには済まないはずであった。敗戦後五十年以上を経過した現在から振りかえると、戦後の民主化の運動は、そういう問題をかかえ、ときにそれと意識しつつも、問題を正面切って対象化するには至らず、高度経済成長期に入ると、むしろその問題を遠ざけるように時代が進んだかに見える。

が、話を急ぐまい。

啓蒙的な思想活動に社会的な意義を見いだし、そこを積極的な思想表現の場とする丸山眞男、それが当面の問題だ。「超国家主義の論理と心理」「日本ファシズムの思想と運動」「軍国支配者の精神形態」の三論文に結実する、その日本ファシズム論は、民主化へとむかう時代の流れのまっただなかで書かれたものなのだ。ついこのあいだまで社会を席捲していた軍国ファシズムが、敗戦と占領を経るなかで全面的に否定され、あらたな民主社会の建設がめざされているとき、専門の政治学および日本政治思想史の知識を駆使して過去と現在の問題点を批判的にあきらかにし、未来への展望を切りひらくような論を展開すること。それは、丸山眞男にとっても時代にとっても、まさに時を得たといえるような営みだった。さきの年譜にもある「超国家主義の論理と心理」について、丸山眞男自身、「自分ながら呆れるほど広い反響を呼んだ」(集六・247)と記しているが、時代の動きと見事に呼応するがゆえの「広い反響」だったのである。

「超国家主義の論理と心理」

ところで、「超国家主義の論理と心理」における過去の批判は、なにを眼目とするものだったのか。

ヨーロッパ近代の中性国家との対比のもと、日本の超国家主義的な国家はつぎのように批判される。

それ〔中性国家〕は真理とか道徳とかの内容的価値に関して中立的立場をとり、そうした価値の選択と判断はもっぱら他の社会的集団（例えば教会）乃至は個人の良心に委ね、国家主権の基礎をば、かかる内容的価値から捨象された純粋に形式的な法機構の上に置いているのである。……形式と内容、外部と内部、公的なものと私的なものという形で治者と被治者の間に妥協が行われ、思想信仰道徳の問題は「私事」としてその主観的内面性が保証され、公権力は技術的性格をもった法体系の中に吸収されたのである。

ところが日本は明治以後の近代国家の形成過程に於て嘗《かつ》てこのような国家主権の技術的、中立的性格を表明しようとしなかった。その結果、日本の国家主権は内容的価値の実体たることにどこまでも自己の支配根拠を置こうとした。幕末に日本に来た外国人は殆ど一様に、この国が精神的《スピリチュアル》君主たるミカドと政治的実権者たる大君（将軍）との二重統治の下に立っていることを指摘しているが、維新以後の主権国家は、後者及びその他の封建的権力の多元的支配を前者に向って一元化し集中化する事に於て成立した。「政令の帰一」とか「政刑一途」とか呼ばれるこの過程に於て権威は権力と一体化した。

（集三・19〜20）

権威も権力も、形式も内容も、外部も内面も、公的価値も私的価値も、——要するに、社会的・政治的な価値の一切を包摂して存在する国家、それが過去の日本の全体主義国家だと丸山眞男はとらえた。日本国家は法体系を備えたたんなる権力機構でも、市民社会の矛盾を調整するたんなる管理機関でもない。宗教や道徳をも内にふくみ、さらには芸術や学問さえも、いや、ひょっとすると自然までも内にふくんでなりたつ、巨大な共同世界であった。国家が精神的価値の独占的決定者としてあらわれる具体例として、丸山眞男は明治の「教育勅語」の発布と、太平洋戦争下の「国民精神総動員運動」をあげているが、「教育勅語」が戦前・戦中に全国の小中学校で崇めたてまつられ、「国民精神総動員運動」が民衆の心を戦争へと導く上で小さくない力をもった事実は、あらゆる価値を体現する国家、という超国家主義的国家像が、一部の権力者や国粋主義者の専有物ではなく、一般の人びとに広く受けいれられていたことをものがたっている。

そんなだいそれた国家像をなぜ人びとは受けいれたのか。その境地をぬけだすにはどうすればいいのか。

この論文で、超国家主義の異様さを見せつけられるとき、そうした問いが自然と読者のうちにわきあがってくる。が、その問いに正面からむきあうのがこの論文の趣意ではない。

丸山眞男にも当然あったはずのそうした問題意識を、むしろ抑えるようにして論は進む。超国家主義の淵源や原因やそれを克服する方途をさぐる前に、まずはそのありのままのすがたを一つの構造としてあきらかにすること、それが論文の基本的な問題意識なのだ。丸山眞男は、ここで、実践的であるより分析的であろうとしている、と、そう評してもよい。実践と分析が形式的に切り離されるものではないのを承知の上で、また、すでに見たように、敗戦直後の丸山眞男には社会に積極的に働きかけようとする実践的意志が強くあったことを承知の上で、なお、論文「超国家主義の論理と心理」の位置を、わたしは、構造分析の書と見さだめておきたい。

天皇制国家の構造分析

さて、超国家主義的国家像の中心に坐るのが万世一系の天皇である。国家が精神的権威と政治権力を一元的に占有するのに見合って、国家元首たる天皇は、精神的価値をも政治的価値をも体現するものとしてその中心にあった。大日本帝国憲法の「第三条　天皇ハ神聖ニシテ侵スヘカラス」は、精神的価値の極限を示す文言と読むことができる。天皇は神にも等しい、というのだから。

むろん、憲法にそう宣言されたら、それがそのまま実現されるというほど事は単純に進まない。国家をめぐるさまざまな権力闘争、イデオロギー闘争、民衆の願望、失意、疑念の交錯のなかで、天皇の政治的価値と精神的価値のありようは定められる。大日本帝国憲法の制定が一八八九年。それ以後の明治・大正・昭和の歴史は、大きな流れとして見れば、天皇の政治的価値と精神的価値がしだいに重みを加えていく方向性をもち、それがそのまま国家の権威と権力を増大させる力になった。「天皇ハ神聖ニシテ侵スヘカラス」は、しだいに内実のある条項となったのである。

その内実とはなんだったのか。侵すことのできない神聖さとはなにを意味していたのか。日本の超国家主義とはなにか、という問いは、かならずや天皇の存在を問うところへと行きつかざるをえない。「超国家主義の論理と心理」の結論部分はこう書きだされる。

超国家主義にとって権威の中心的実体であり、道徳の泉源体であるところの天皇は、しからば、この上級価値への順次的依存の体系に於て唯一の主体的自由の所有者なのであろうか。近世初期のヨーロッパ絶対君主は中世自然法に基く支配的契約の制約から解放されて自らを秩序の擁護者（Defensor Pacis）からその作為者（Creator Pacis）に高めたとき、まさに近世史上最初の「自由なる」人格として現われた。しかし明治維新に於て精神的権威が政治的権力と合一した際、それはただ「神武創業の古」への復帰とされたのである。天皇はそれ自身究極的価値の実体であるという場合、天皇は前述した通り決して無よりの価値の創造者なのではなかった。天皇は万世一系の皇統を承け、皇祖皇宗の遺訓によって統治する。欽定憲法は天皇の主体的製作ではなく、まさに「統治の洪範を紹述」したものとされる。かくて天皇も亦、無限の古にさかのぼる伝統の権威を背後に負っているのである。天皇の存在はこうした祖宗の伝統と不可分であり、皇祖皇宗もろとも一体となってはじめて上に述べたような内容的価値の絶対的体現と考えられる。天皇を中心とし、そこからのさまざまな距離に於て万民が翼賛するという事態を一つの同心円で表現するならば、その中心は点ではなくして実はこれを垂直に貫く一つの縦軸にほかならぬ。そうして中心からの無限の流出は、縦軸の無限性(天壌無窮の皇運)によって担保されているのである。　(集三・34〜35)

茫洋とも曖昧模糊とも形容できる天皇および天皇制国家を、空間と時間の形式のうちに対象化しようとしたものだ。一九四〇年うまれのわたしには、天皇についての同時代経験としては戦後の天皇経験しかなく、戦後の象徴天皇はこれほどの包容力はとてももたなかったと思えるが、家々で天皇のご真影が護符のごとくに崇められ、死の間際に兵士たちが「天皇陛下万歳」と叫んだという戦前・戦中の天皇は、無限の空間と時間を満たすものとしてあったと考えられなくもない。おそるべき幻想というべきだが、丸山眞男は、幻想の空虚さをいうのではなく、むしろ、そのリアリティをこの論文ではあきらかにしようとしていた。さきにこの論文を構造分析の書といったゆえんで、天皇制国家の構造は、リアリティをなりたたせる構造として分析されねばならなかったのだ。

天皇は「主体的自由の所有者」ではないし、秩序の「作為者」ではないし、「無よりの価値の創造者」ではない、と丸山眞男はいう。では、いったいなんなのか。

一人の人間ないし人格を思いうかべた上で、それがどういう人間であり、どういう人格であるかを問うことによっては、天皇の存在はあきらかにならない。むしろ、人間や人格ではないものとして、いうならば一つの場、あるいは一つの空間・時間体としてとらえるべきだ。いいかえれば、天皇は、人間的存在ないし人格的存在ではなく、構造的存在なのだ。日本のファシズムはそういう天皇を必要とし、必要にせまられてそういう天皇を作りあげたのである。構造的存在としての天皇および天皇制国家が、過去から現在にいたる日本国民を大きく包むものとしてある。それが、丸山眞男のとらえた、国家を超える国家の構造であった。

権力者の矮小さ

さて、天皇を人間的・人格的存在としてではなく、構造的存在として擁立せざるをえない国民は、かれら自身が人間的ないし人格的に脆弱な存在である。これまで見てきたところが、どちらかといえば超国家主義の論理を浮かびあがらせるものだったとすれば、以下は超国家主義の心理に目をすえるものということができる。

ナチスの指導者は今次の大戦について、その起因はともあれ、開戦への決断に関する明白な意識を持っているにちがいない。然るに我が国の場合はこれだけの大戦争を起しながら、我こそ戦争を起したという意識がこれまでの所、どこにも見当らないのである。何となく何物かに押されつつ、ずるずると国を挙げて戦争の渦中に突入したというこの驚くべき事態は何を意味するか。我が国の不幸は寡頭勢力によって国政が左右されていただけでなく、寡頭勢力がまさにその事の意識なり自覚なりを持たなかったということに倍加されるのである。各々の寡頭勢力が、被規定的意識しか持たぬ個人より成り立っていると同時に、その勢力自体が、究極的権力となりえずして究極的実体への依存の下に、しかも各々それへの近接を主張しつつ依存するという事態……がそうした主体的責任意識の成立を困難ならしめたことは否定出来ない。（集三・31〜32）

寡頭勢力に主体的責任意識が稀薄だったから、天皇制国家は無限の包容力をもつ茫洋たる存在になったのか、逆に、国家が茫洋たる存在だったから寡頭勢力に主体的責任意識が育たなかったのか。その前後関係はこの論文ではあきらかにされず、あえていえば、一方と他方は相即の関係にあったように記述はなされているが、ここでの論理と心理の照応は、それはそうあるしかない、と感じさせるような説得力をもってわたしたちにせまってくる。一つの場、一つの空間・時間体としての天皇が、精神的権威と政治的権力を一元的に占有しているとすれば、その内部に棲息する個人や集団が、自己を自己として自覚することも、自己を自己として主張することも困難となる。個人や集団における自覚と自己主張は、権威と権力の一元性に亀裂を生じさせる危険性をはらむものなのだから。

「万世一系」「八紘一宇」「尽忠報国」「滅私奉公」が叫ばれる天皇制ファシズムのもとでは、自己主張、決断、主体性、責任意識など、個や集団の自立をうながす意志的なものは、それ自体が悪と見なされねばならなかったのだ。そうした価値意識が精神の自立をどのように妨げたか。さきに引用した論旨を引きついで、戦争指導者たちの指導力の弱さを、極東軍事裁判の公判記録にもとづいて精細に分析したのが、「超国家主義の論理と心理」の三年後に発表された論文「軍国支配者の精神形態」である。

極東軍事裁判では、軍国日本の政治・軍事の最高指導者二十八名が、戦犯として訴追されたが、法廷でのかれらの発言は、どれもこれも、権力者の矮小さを見せつけるものばかりだった。いま、「軍国支配者の精神形態」から、戦争指導者の自立心のなさ、指導力の弱さを指摘した文言をいくつか引く。

対米宣戦は世界情勢と生産力其他の国内的条件の緻密な分析と考慮から生れた結論ではなく、むしろ逆にミュンヘン協定のことも強制収容所《コンツラーガー》のことも知らないという驚くべく国際知識に欠けた権力者らによって「人間たまには清水の舞台から眼をつぶって飛び下りる事も必要だ」という東条の言葉に端的に現われているようなデスペレートな心境の下に決行されたものであった。（集四・98）

たしかに日本帝国主義の辿《たど》った結末は、巨視的には一貫した歴史的必然性があった。しかし微視的な観察を下せば下すほど、それは非合理的決断の厖大な堆積として現われて来る。……大東亜共栄圏を確立し八紘一宇の新秩序を建設して、皇道を世界に宣布することは疑いもなく被告らの共通の願望であった。彼等のうち唯一人として、これがドン・キホーテの夢であることを指摘したものはなかった。……彼等はみな、何物か見えざる力に駆り立てられ、失敗の恐しさにわななきながら目をつぶって突き進んだのである。彼等は戦争を欲したかといえば然りであり、彼等は戦争を避けようとしたかといえばこれまた然りということになる。戦争を欲したにも拘らず戦争を避けようとし、戦争を避けようとしたにも拘らず戦争の道を敢て選んだのが事の実相であった。

（同右・100〜101）

支配権力はこうした道徳化〔侵略戦争を「聖戦」と呼ぶ道徳化〕によって国民を欺瞞し世界を欺瞞したのみでなく、なにより自己自身を欺瞞したのであった。

（同右・107）

権力機構の中枢にあるものが、権力機構を支える共通の願望をゆびさして、それは「ドン・キホーテの夢である」といえるものかどうか。いってなお中枢にとどまれるものかどうか。ファシズム権力のみならず、あらゆる政治的権力機構が、異端分子の排除をその本質的な性向とする以上、共通の願望に背をむける人物を中枢にかかえこむことはむずかしいが、とりわけ、日本の天皇制国家は、そういう異物の圧服に熱意を燃やす体制だった。「国賊」「非国民」はたんなる罵倒語ではなく、その名で呼ばれるものの存在抹消の意図を秘めた脅迫のことばであった。戦争遂行上の具体的な方針や行動については、優柔不断ぶりをさらけだしたり非合理な決断をくりかえす権力者たちも、国家の意志に異を唱えるものにたいしては、これを断固として排除するだけの権力性をもっていたのである。その権力性は、政治・軍事の最高指導者たちの、そのまた上に立つ天皇にも、その下に立つ中小の指導者たちや一般の民衆にも、少なからず共有されていた。

異端の排除

ここに、その権力性を示す恰好の例がある。二・二六事件に際しての天皇の言動である。田中伸尚『ドキュメント昭和天皇　第一巻　侵略』(緑風出版)から引く。

その国家に逆らうクーデターが起きた。内大臣・斎藤実、蔵相・高橋是清らが殺され、侍従長・鈴木貫太郎らが重傷を負った。……天皇は、青年将校の反乱に激怒し「暴徒」と決めつけ、岡田啓介(首相)が行方不明のため、首相臨時代理に任命された後藤文夫に対して「速やかに暴徒を鎮圧せよ」と命じた。

天皇は二・二六事件に対しておそらく彼の在位中で最も激しい感情を示した。

「早く事件を終熄せしめ、禍を転じて福となせ」

「今回のことは精神の如何を問わず不本意だ。国体の精華を傷つくるものと認む」……

「朕の軍隊が命令なく自由行動を起したことは叛乱軍と認める、叛乱軍である以上速やかに討伐すべきである」（48ページ）

優柔不断とは正反対の態度がここには示されている。「暴徒」「叛乱軍」「精神の如何を問わず」といったことばが天皇の口から吐かれている。そのことが印象的だ。異物の存在をゆるさないという断固たる意志がそこには表明されていて、それは天皇自身の意志であるとともに、国家の意志でもあった。

極東軍事裁判で戦争の最高指導者たちが、あるいは既成事実に屈服し、あるいは権限に逃避するというかたちで主体的決断を回避しえたのは、戦時ファシズム体制が整うなかで、もはや目に立つ異物の存在余地がなくなっていたからだ、とも考えることができる。丸山眞男は、ファシズムの時代区分において、そういう体制ができあがった時代を「日本ファシズムの完成時代」と名づけ、二・二六事件以後がその時代だとしている。

というのは二・二六事件を契機としていわば下からの急進ファシズムの運動に終止符が打たれ日本ファシズム化の道程が独逸《ドイツ》や伊太利《イタリー》のようにファシズム革命乃至クーデターという形をとらないことがここではっきりと定まったからであります。従ってこれ以後の進展はいろいろのジッグザッグはあっても結局は既存の政治体制の内部における編成がえであり、もっぱら上からの国家統制の一方的強化の過程であるということが出来ます。（集三・270）

上からの統制が下からの運動を呑みこむかたちでファシズムが完成したとなれば、できあがった体制は、基本的に、もう支配も指導も必要としない体制といってよい。以後は、上からの力と下からの力が一体となって進む、いうならばファシズムの自動運動が展開される。対米宣戦が、内外の状況と力関係の客観的分析にもとづく政治的決断としてではなく、「デスペレートな心境の下に決行された」のも、「戦争体制における組織性の弱さ、指導勢力相互間の分裂と政情の不安定性」（集四・99）が生じたのも、権力者みずからが自己欺瞞に陥ることが可能だったのも、上下一体となったファシズムが、さまざまな思いを包みこんで、それ自体の力で動くかに思えたからだった。滔々たるその流れに身を投じれば、権力者にとっても非権力者にとっても、決断することとしないことにそれほどのちがいがあるわけではなかった。わたしたちは、さきに、天皇が一つの場、あるいは、一つの空間・時間体としてイメージされることを見たが、一切の価値を集約するそうした空間的・時間的な場の存在と存続がなによりも重視されるところでは、個々人や個々の集団の存在や言動が、場を超える独立性をもつはずがなかった。敗戦という未曾有の危機下にあっても、権力者がなにより心をくだいたのは場をどう存続するかということ——かれらのことばでいえば、国体の護持——であった。

たとい戦争による破滅を賭しても、「内乱」の危険(=国体損傷の危険)だけは回避するというこの考え方こそ、上述した既成事実への次々の追随を内面的に支えた有力なモラルであり、それは国体護持をポツダム宣言受諾のギリギリの条件として連合国に提出したその時まで、一本の赤い糸のように日本の支配層の道程を貫いている。(集六・266~267)

国を挙げての総力戦体制が整うなかで、国体護持は確実にそのイデオロギー的な主柱となっていった。天皇が人間または、人格であるというより、すべてを包む空間・時間体であるのに見合って、国体護持は、軍部をも官僚をも重臣をも資本家をも政党をも、そして民衆をも包みこむイデオロギーとして、空間・時間体を満たしていたということができる。いいかえれば、戦時下にあって、国体護持は天皇の意志であり、天皇制国家の意志であった。

天皇を構造的基軸とし、国体護持を精神的基軸とする軍国ファシズム体制は、敗戦とともに崩壊する。崩壊を進めるのにもっとも力があったのは占領軍の民主化政策であった。占領軍は軍国主義日本を解体すべく、軍事面、政治面、経済面、社会面、教育面にわたって、つぎつぎと民主化の方策を講じた。

その占領政策を歓迎しつつ、しかしそれに乗るのではなく、みずからの経験と知識と思想をもとに、いまだなまなましい過去を批判的に分析し、もって、社会の進むべき方向を示唆しようというのが、これまで見てきた丸山眞男の日本ファシズム論であった。嫌悪感のみ募《つの》った軍隊経験からしても、窮屈な思いで毎日を過ごさねばならなかった戦時下の日常経験からしても、軍国ファシズム体制は暗いもの、否定的なものとして描きだされるほかはなかった。

自由な主体

なにを否定すべきものと丸山眞男は考えたのか。日本ファシズム論において批判の眼目となるのはなにか。

答えを一言でいうとすればこうだ。個人の自由を徹底的に抑圧したことこそ、日本ファシズムの最大の罪悪であった、と。したがって、戦後の民主化の中心的な課題は、人びとが個人の自由をどこまで獲得し、どこまで自覚するかにある、と。論文「超国家主義の論理と心理」はこう結ばれている。

「天壌無窮」が価値の妥当範囲の絶えざる拡大を保障し、逆に「皇国武徳」の拡大が中心価値の絶対性を強めて行く――この循環過程は、日清・日露戦争より満州事変・支那事変を経て太平洋戦争に至るまで螺旋的に高まって行った。日本軍国主義に終止符が打たれた八・一五の日はまた同時に、超国家主義の全体系の基盤たる国体がその絶対性を喪失し今や始めて自由なる主体となった日本国民にその運命を委ねた日でもあったのである。（集三・36）

「国体」の対極に「自由なる主体」が位置する構図――それは丸山眞男の政治思想の根幹をなすものだった。

が、自由な主体とはなにか。右の引用文で、丸山眞男は「今や始めて自由なる主体となった」というが、軍国主義に終止符が打たれて、ただちに主体が自由になれるわけはない。正確には、「自由なる主体になりうる可能性をもった」というべきである。日本ファシズム論があきらかにするのは、もっぱら、超国家主義的な国体のもとで、人びとがいかに不自由だったかということなのだ。

が、自由な主体はどこにも存在しないのかといえば、そんなことはなかった。西洋の近代国家には自由な主体が存在するのだ。そのことは、丸山眞男にとって、公理に類することだった。

西洋近代にあって、個人の自由が強く自覚され、自由の獲得と確保と維持と拡大をめざす努力が執拗につづけられる。宗教的権力、政治権力、経済権力との幾重にもわたるたたかいのなかで、自由の価値がゆるぎないものとして確立し、制度的にも保障される。逆流や逸脱や迂回をふくみつつ、西洋近代は自由にむかってそのような歩みをつづけてきた。そう考えるのが、丸山眞男の自由観の基軸だった。

ひるがえって、明治以後の日本の近代化の過程を見ると、超国家主義へとむかうその流れは、自由にむかうものとはとうていいえなかった。どこがどうちがうのか。問いはおのずとそういう形をとり、日本ファシズム論は洋の東西の政治体制の比較という視点をぬきには語れないことになる。

読者は、これまでの引用文中でも、東西の比較が随所でなされていたことに気づかれたと思う。

公権力のおよぶ範囲が法律によって明確に限定され、思想・信仰・道徳の領域には介入することのない西洋近代の中性国家にたいするに、精神的権威と政治的権力を一元的に占有する天皇制国家。中世の自然法にもとづく支配的契約から解放されて、秩序の創始者となり、近世史上最初の自由な人格としてあらわれたヨーロッパの絶対君主にたいするに、万世一系の皇統を承け、皇祖皇宗と一体化することによってはじめて権威の中心的実体となり、道徳の泉源体となる日本の天皇。みずからの決断にもとづいて状況を切りひらき、軍事裁判の被告となってもイエスとノーをはっきり口にするナチスの指導者にたいするに、状況を冷静に判断して決断をくだすことができず、結局は既成事実に屈服するほかになすすべがなく、軍事裁判でもあいまいな自己弁護の言を弄する日本の軍国指導者たち。大衆組織をもつファシズム運動を通じて、下から国家権力を革命的に掌握するに至ったドイツやイタリアのファシズムにたいするに、軍部、官僚、政党、資本家、重臣からなる既存の政治権力が上からの統制を通じてファッショ体制を成熟させていった日本の天皇制ファシズム。

こうした東西比較の方法は、丸山眞男の日本ファシズム論にとって、大きく二つの意義をもっていた。一つは、天皇制ファシズムの日本的特質を明晰に浮かびあがらせる方法的武器としての意義、いま一つは、天皇制ファシズムの崩壊後にくる新しい社会のあるべきすがたを提示してくれるという意義、この二つである。

軍隊経験におけるおのれの異和感を論理化する、という意味をもつとともに、日本のファシズムを政治学ないし政治思想史という学問的領域のうちに客観的に位置づける、という意味をもつものだった。

が、東西比較論の意味は、読者にとっても丸山眞男にとっても、そこに尽きるものではなかった。さきに二つ目の意義としてあげたもの、つまり、新しい社会のあるべきすがたを示唆するという実践的な面においても、それは右の意味におとらぬ重要な意味を担っていた。

「無規定的な個人」とは

二つ目の意味での東西比較論において、丸山眞男がいいたかったのは、日本における主体的自由の意識の未成熟ということだった。上は最高の権力者たる天皇から、下は底辺の民衆に至るまで、どの階層をとってみても明確な主体的自由の意識の存在を確認できない。それが丸山眞男の目に映じた日本ファシズムのすがただった。さきにあげた四つの東西比較例——中性国家と超国家主義、ヨーロッパの絶対君主と天皇、ナチス指導者と日本の軍国指導者、下からのファシズムと上からのファシズム——は、いずれも、日本における自由な主体、自由な人格の未成立をいおうとするものなのだ。

いま、自由の意識と独裁観念の近さをいう一節を引く。

> 全国家秩序が絶体的価値体たる天皇を中心として、連鎖的に構成され、上から下への支配の根拠が天皇からの距離に比例する、価値のいわば漸次的稀薄化にあるところでは、独裁観念は却って生長し難い。なぜなら本来の独裁観念は自由なる主体意識を前提としているのに、ここでは凡そそうした無規定的な個人というものは上から下まで存在しえないからである。一切の人間乃至社会集団は絶えず一方から規定されつつ他方を規定するという関係に立っている。戦時中に於ける軍部官僚の独裁とか、専横とかいう事が盛んに問題とされているが、ここで注意すべきは、事実もしくは社会的結果としてのそれと意識としてのそれとを混同してはならぬという事である。意識としての独裁は必ず責任の自覚と結びつく筈《はず》である。ところがこうした自覚は軍部にも官僚にも欠けていた。
>
> （集三・31）

ナチスには独裁者がいて、独裁の観念もあった。軍国日本には同じ意味での独裁者がいなかったし、独裁の観念もなかった。

独裁者がいて独裁の観念があったほうがいいのか、そんなものはないほうがいいのか。

それは一概にはきめられない。独裁の理念からしても、また、ナチスと軍国日本の指導者たちの戦中のふるまいを見くらべても、どちらがいいのかは、一概にはきめられない。独裁者がいたからユダヤ人虐殺をはじめとするナチスの暴逆があり、独裁者がいなかったから南京虐殺をはじめとする軍国日本の暴逆があった、というように因果の糸を引いてみる。さて、どちらがいいですか、と問われても、簡単には答えようがない。

そんなことは百も承知で丸山眞男は、独裁者の不在、独裁観念の欠如をもって、ナチスにたいする軍国日本の意識の遅れをいう。独裁の前提となる「自由なる主体意識」の存在が、丸山眞男にとってどんなに大きな意味をもっているかを象徴するようなものいいだ。引用文は、独裁者出《い》でよ、と使嗾《しそう》しているのでもなければ、独裁は善か悪か、と問うているのでもない。主眼は、「ここ〔天皇制国家〕では凡そそうした無規定的な個人というものは上から下まで存在しえない……。一切の人間乃至社会集団は絶えず一方から規定されつつ他方を規定するという関係に立っている」という戦時下社会の性格規定にあるのだ。「無規定的な個人」の不在、それがなにより問題なのだ。

では、無規定的な個人とはなにか。規定されることのない個人とはなにか。

人間が一人の個人としてこの世に生きるとき、まわりからなんの力も働かないということはありえない。無規定的な個人とは、真空のなかに生きる個人のことではない。規定はたえずまわりから押しよせる。だけでなく、当の個人も、ことばによって、また行動によって、たえずまわりに働きかけ、まわりを規定しようとする。相互に規定しつつ生きる、それがこの世に生きるということであり、人間が社会的な存在だということだ。そういう関係を脱却したという意味での無規定的な個人には、人間はなることができない。

無規定的な個人になるには、まわりからくる力をはねかえすよりほかはない。まわりからさまざまな力がやってくるとき、その力のままに動かされるのではなく、力の侵入を押しとどめ、それと対峙し、みずからの判断にもとづいて行動するのだ。まわりからの力は、あるいは権力の名において、あるいは正義や善の名において、あるいは利益や快楽の名において、あるいは友情や善意の名において、ときには悪や犯罪の名において、個人のもとにやってくるのだろうが、それに正面からむきあい、自分の名において自分の行動を決定するのでなければならない。結果的に外からの力にしたがうかに見える行動であっても、おのれの判断にもとづいてその力にしたがうのでなければならない。「無規定」とは、自分みずからが自分の言動を規定するということ、つづめていえば、「自己規定」のことだ。

さまざまな規定にさらされ、動かされ、流されながら、その規定を無ならしめるだけの力をもって自己を出発点にすえる。そして、そこから事をあらたにはじめる。そういう人間のありさまを表現するのが「無規定的な個人」ということばだ。とすれば、ここにいう無規定は、自由と自主と自立を内にふくむものとして打ちだされているということができる。

自立した個人のたたかい

そういう「無規定的な個人」は、いうまでもなく、西洋近代社会において、そこに生きる人間が外からやってくるさまざまな規定とのたたかいのなかで確立してきたものである。自由で、自主的で、自立した個人の確立の過程が、そのまま近代思想の確立の過程だといえるほどに、その意義は大きく、重たい。

デカルトが近代哲学の祖と目されるのは、有名な「コギト・エルゴ・スム」(われ思う、ゆえに、われ在り)の命題によって、自我の自立を定式化したからであった。わたしの存在は、他のなにものによってでもなく、まさにわたしが考えること、わたしの思考によって証明される。わたしの存在の証人はわたし自身である。それが「コギト・エルゴ・スム」の意味するところだ。ここに、人間社会とそこに住む個々人が全智全能の神の支配下にある、という中世的構図は解体される。神の声にしたがって生きるのが人としての正しい生きかたではなく、自分の思考にもとづいて生きるのが本当の人間らしい生きかただ。ものの考えかたがそのように大きく転換する。

デカルトにやや先んじて、「知は力なり」の命題をかかげつつ学問の革新を構想したフランシス・ベーコンも、行く手に個人の自立を展望する近代の思想家であった。「知は力なり」というとき、知はまずもって個人の生きる力となるべきものであり、ひいては、社会をゆたかにする力となるべきものであった。時代の大きな転換が予感されるなかで、ベーコンは個々の人間に備わる知性こそが、個人を、社会を、時代を導いていく、もっともたしかな力だと考えたのだ。

デカルトのあとにつづく大陸合理主義においても、ベーコンに後続するイギリス経験論においても、個人を思考と知の主体ととらえ、そこを出発点として世界を構想するという方向性が見うしなわれることはなかった。社会をイメージする際にも、思考と行動の主体たる個人がつねにその基本的単位をなす、と考えられた。

西洋近代哲学の流れを追うと、そのように個人の自由と自立が着実にかちとられていくように思えるが、社会全体として見れば、それを阻害する動きもけっして小さくはなかった。自由を求め、自立を獲得しようとする個人と、それを押しとどめようとする抑圧的な権力とがはげしくぶつかったのが、市民革命の名で呼ばれる一連のたたかいだ。「すべての人は平等に造られ、造物主によって、一定の奪いがたい天賦の権利を付与され、そのなかに生命、自由および幸福が含まれる」と述べるアメリカ独立宣言や、「人は、自由かつ権利において平等なものとして出生し、かつ生存する」というフランス人権宣言は、個人の自由と自立を侵そうとする政治権力にたいして、近代個人主義の正当性をあらためて宣明するものであった。

フランス革命の十数年後に書かれたヘーゲルの『精神現象学』は、さまざまな社会関係や政治的関係に置かれた個人が、どのようにしておのれの主体性と自立性を獲得し、維持し、発展させていくのか、そのたたかいぶりを叙述したものととらえることもできる。主体的・自立的たらんとする個人は、おのれの支えとなる「確信」を求める。「確信」とは、自分がこれこそは真実だと思うもののことだ。それがないかぎり主体的・自立的に生きていくことはできないし、それにもとづいて生きるとき、自己ははじめて自分の生を生きていると実感できる。

が、自分の確信はまわりの人びとにそのまま真実として受けいれられるとはかぎらないし、社会の倫理や規範や習俗や法と対立し、離反することもめずらしくはない。離反や対立は闘争へと発展し、ときには当事者の死を招くことさえある。そうした経験を経るなかで、確信は変化し、変容し、発展する。が、個人が確信なるものをもたなくなることはない。確信をもたない個人は、主体性なき個人、もはや個人とはいえない存在なのだから。同様、確信をもたない個人は、社会にとっても意味のない惰性的な存在である。社会の倫理や規範や習俗や法は、それと対立し矛盾する個人の確信があるからこそ、その不完全性が認識され、発展の可能性が保証される。個人がみずからの確信をもたなくなり、社会の大勢にただ乗っかって生きているような社会は、生気を失った、未来のない社会である。それが、フランス革命の経験を踏まえて書かれた『精神現象学』の社会像であった。

その近代社会にあって、個人が確信を変化させつつ維持していくとき、その働きを支え、推進していくのは、思考と知の力だとされた。確信とは、なにかをただ固く信じることではない。信じてゆるがぬというのは、信仰であって確信ではない。確信は変化し発展しつつ持続するものであって、その変化・発展と持続を支えるのが知と思考の力なのだ。自由で自立した(無規定的な)個人は、時代と一体化することによっても、権力や富や権威に近づくことによっても、名誉や名声を得ることによっても、多くの人の賛同を得ることによっても、また、毎日の暮らしに満足することによっても、おのれが自由で自立していることを納得はできない。思考と知を傾けた確信にもとづいて生きていると自覚できるとき、はじめておのれの自由と自立を納得できるのだ。いや、思考と知が、そして、それに支えられた確信が、つねに動いていることを考えれば、たえず思考と知を傾け、確信をあらたにしつつ生きるところに、自由で自立した生があるのだ。

西洋近代社会とそこにはぐくまれた近代思想は、そのような主体的個人をみずからの力でうみだし、育て、それを押しつぶそうとする社会的・政治的な権力や権威に抗して守りぬいてきた。ナチズムやスターリニズムは個人の主体的自由や自立を抹殺しようとする、おそるべき権力体制といえようが、そこでも個人の自由と自立は死滅することなく、死の恐怖に耐えて生きぬき、恐怖の権力体制を崩壊へと導いた。

自由なる主体となった日本国民

日本の場合はどうか。

社会の内部で個人がおのれの主体的自由を自覚し、自立した主体として生きはじめる、というふうに日本の近代化は進行しなかった。

士農工商の身分差別が厳然として存在し、幕藩体制が人びとの生活をがっちりと枠づけしている江戸時代の社会のもとでは、どの身分の人間にとっても、自分自身を自由で自立した（無規定的な）個人だと自覚することはむずかしかった。

幕末・維新の激動のなかで、幕藩体制はくずれ、士農工商の身分制はもちこたえられなくなる。そこに西洋の個人主義思想と人権思想がなだれこんでくる。個人の自由と自立は社会の内部でうみだされたのではなく、外来の進んだ観念として尊敬の念をもって受けいれられた。受けいれにもっとも熱心だった一人が、「天は人の上に人を造らず、人の下に人を造らず」と宣言し、「独立自尊」を明治日本の最大の課題と考えた福沢諭吉だった。

が、おのれの自由と自立をみずから自覚することと、外からあたえられたお手本としてこれを学ぶこととは、まったく別のことだ。社会の内部で個人の自由と自立がおのずと自覚されてきた、という場合、そこに至る個人の意識の発展には一種の必然性を想定できるが、定式化された自由や自立の思想が外からお手本としてもちこまれるという場合、それを受けいれるこちら側の意識とその思想とのあいだに、同じ必然性を想定することができない。外来の思想をお手本として受けいれるということ自体が精神の営みであるから、それをお手本として理解する、理解しようとする、という水準で、自由や自立の思想と日本人の意識とのあいだに一定の必然的なつながりを想定はできるが、お手本として理解することと、自己の自由と自立を自分のこととして自覚し、さらには、他人をもふくむ個々人の主体的自由が近代社会を構成するもっとも重要な基軸の一つだと自覚することとのあいだには、容易に飛びこえることのできない隔たりがある。お手本として理解することが、場合によっては、内部からおのずと醸成されるような自覚を妨げることも考えられる。明治初期に西洋の近代思想があれほど急激に押しよせることがなかったなら、いいかえれば、西洋の近代思想があれほどに輝かしいものとして受けいれられ、喧伝されることがなかったなら、個人の自由と自立はかえって着実に自覚され、社会にしっかりと根を下ろすことができたかもしれない。そうも考えられるのである。

はっきりしているのは、天皇制ファシズムの成立へとむかう過程が、個人の主体的自由を徹底して封殺するものとしてあったことだ。お手本として受けいれられた西洋近代思想をもってしては、権威と権力を一元的に占有する軍国国家と、その国家が鼓吹する国体思想には抗しようがなかった。上は天皇から下は庶民に至るまで、知と思考によってみずから立つ主体的な個人のすがたは認められなかった。丸山眞男のことばを借りれば、「無規定的な個人というものは上から下まで存在しえな」かった。

敗戦によって事態はどう変わるのか。どう変わるべきなのか。

答えは「超国家主義の論理と心理」の結語に明確に示されている。いま一度引けば、「日本軍国主義に終止符が打たれた八・一五の日はまた同時に、超国家主義の全体系の基盤たる国体がその絶対性を喪失し今や始めて自由なる主体となった日本国民にその運命を委ねた日でもあったのである」と。

あらためていえば、「自由なる主体となった日本国民」といういいかたは不正確だ。戦争終結による解放気分ゆえの勇み足であろう。「超国家主義の論理と心理」の論旨からすれば、「自由なる主体になりうる可能性をもった日本国民」、あるいは、「自由なる主体となるべき日本国民」とすべきところだ。論文は、敗戦のその日まで、日本国民が上から下まで自由なる主体ではなかったことをあきらかにするものだったのだから。

それはともかく、自由なる主体の確立が、丸山眞男にとって、戦後の最大の思想的課題であったことは疑いを容れない。

が、つい一年前までは自由で自立した(無規定的な)個人がどこにも存在しえなかった日本に、どのようにしてそのような個人が生じうるのか。敗戦と占領政策によってたしかに日本軍国主義は終焉し、国体はその絶対性を喪失はしたが、権力の抑圧がなくなったというだけで、個人は自由で自立した主体になれるのか。権力による抑圧の有無を超えて、日本の近代化は個の自由な主体性の確立という点できわめて不徹底だった、というのが丸山眞男の日本ファシズム論の主旨ではなかったのか。

インテリはなぜ自立できないか

洋の東西の比較という手法によって、日本人の主体的自由の意識の遅れをあきらかにしつつ、しかし、丸山眞男はその遅れをとりもどすところにしか未来を展望しえなかった。そして、遅れをとりもどすには、西洋の近代思想を学ぶなかで人びとが真に自由で自立した主体になることがもっとも確実な道だと考えられた。

吾々は現在明治維新が果すべくして果しえなかった、民主主義革命の完遂という課題の前にいま一度立たせられている。吾々はいま一度人間自由の問題への対決を迫られている。（集三・161）

こう書きながら、丸山眞男はマルクスの『ルイ・ボナパルトのブリュメール十八日』の冒頭の一節を思いおこさなかっただろうか。「ヘーゲルはどこかで、世界史上のすべての大事件と大人物はいわば二度あらわれる、といっている。一度目は悲劇として、二度目は笑劇として、とつけくわえるのを忘れたのだが」という一節を。

二度目を笑劇におわらせないためには、お手本となる西洋近代思想の学習が、上から下までどこにも自由な主体がいないような事態に立ちいたる経緯と、その根拠の分析がぜひとも必要だった。とりわけ、西洋近代思想に親しんだはずの知的エリート層が、なぜ自由な主体となりえなかったかの分析が。

だが、丸山眞男の場合、そういう問題意識そのものが稀薄だった。西洋との比較にもとづき、社会のさまざまな階層にむかってつぎつぎと批判の矢を射かけるその日本ファシズム論のなかにあって、知的階層にたいする批判だけは鋭さに欠けるのだ。

インテリは……多くはファシズムに適応し追随しはしましたが、他方においては決して積極的なファシズム運動の主張者乃至推進者ではなかった。むしろ気分的には全体としてファシズム運動に対して嫌悪の感情をもち、消極的抵抗をさえ行っていたのではないかと思います。（集三・297）

自分の戦時体験を反芻しつつ、できるかぎり肯定的に評価したインテリ像なのだろうが、これをもって自立した自由な主体とはとうていいえないと思う。文中「消極的抵抗」ということばが出てくるが、丸山眞男自身、のちにこの用語法にみずから疑義を呈し、「当時のインテリの行動様式がさまざまの類型をもちながら等しく体制への黙従に流れこんで行った」（集六・255）と補正してもいるのだ。

それに、ここにいう厭戦的なインテリとは、具体的には「都市におけるサラリーマン階級、いわゆる文化人乃至ジャーナリスト、その他自由知識職業者（教授とか弁護士とか）及び学生層」（集三・297）からなるとされるが、丸山眞男のいう上からの日本ファシズムを指導した戦時下の支配層——軍部、官僚、重臣、独占資本家、ブルジョワ政党など——は、いずれもインテリの集合体であって、インテリはファシズムの積極的推進者としても重要な役割を果たしているのだ。

が、ファシズムに消極的に抵抗したインテリが自立した自由な主体とはいえなかったように、ファシズムを積極的に推進したインテリも自立した自由な主体ではなかった。それは丸山眞男の分析したとおりで、インテリについても、「凡そそうした無規定的な個人というものは上から下まで存在しえない」というほかはないのである。上層から下層までを濃霧のごとくに茫漠とつつみこむ日本ファシズムは、指導層のインテリを個として自立させることがなかったのと同様、体制の周辺部に位置するインテリをも個として自立させることがなかった。周辺インテリのもつ「気分的」な「嫌悪の感情」は、それもまた濃霧のなかに溶かしこまれたのであって、軍国ファシズム体制とは異質な、それと対峙しうる自由な主体をうみだすことはなかった。

どうしてそういうことになるのか。西洋では個人の自由と自立をうながす決定的な力となった知と思考が、日本ではなぜ個人を自由と自立にむかわせなかったのか。

日本のエリートの体制順応性

西洋に遅れて近代化にむかう明治期以降の日本では、知と思考の基本が、西洋のお手本を学ぶというところに置かれざるをえなかった。正しさを証明された真理がすでにあって、それをできるだけ速く学び、吸収する。それが知ることであり、思考することであった。

それは、目の前の自然現象や社会現象に目を凝らし、その意味を問い、自他の考えや見解を疑い、批判し、そのなかでおのれの確信を一歩一歩築きあげていく『精神現象学』の知および思考とは、趣きを異にするものであった。『精神現象学』の自己意識は、おのれの知と思考の場面で、たえず懐疑と不安にさいなまれ、ときには絶望の境地にまで追いやられながら、そこで必死に真理を求め、それを支えにみずからの自由と自立を拡大・深化させていくのだが、すでにあるお手本を学ぶ知と思考は、事の真偽にかんして懐疑や不安におそわれる心配はなく、安心してお手本についていくことができた。

それだけではない。

学ばれる知識や理論は物質的に、あるいは精神的に、あるいは制度的に、西洋近代社会の骨格をなすことがすでに実証されているのだから、その知識や理論を習いおぼえた知識人は、近代化にむかう日本社会のなかで、人びとを指導するエリートとなることを約束された。エリートには社会的な名声や名誉と、さまざまな特権が付随するのがつねだから、知と思考がエリート性と結びついたとなると、それが個の確信を支え、個の自立性と自由を確立する力となることは、いよいよむずかしい。知と思考が当人の主体性を支えるどころか、逆に、当人のエリート性を維持・発展させるための手段として活用されることになりかねない。社会のなかで、また、人びとの心のなかで、知と思考の変質が生じるのだ。

個人の主体性と自立性のための武器たるべき知と思考が、社会に上下の位階を設け、その位階のどこかに個人を位置づける道具と化していくのだ。変質が進行すると、やがて、変質が変質と感じられず、むしろそれこそが知と思考の本質だと見なされるに至る。そうした見かたが社会に大きく広がるとき、そこに現出するのが学歴イデオロギーの名で呼ばれる現象である。

変質がそこまで進行したとき、知と思考はもはや個の主体的自由とはほとんど無縁の存在となっている。また、同一の地平に共存する人びとを知的に結びつける力も、ほとんど失っている。それはむしろ人と人とを切断し、一方と他方を指導と被指導、支配と被支配の関係に置くものとなっている。上に立つものも下にくるものも、もはや知と思考の力を擁して事柄の真実をとらえ、その確信によってみずから立つことはなく、上下の位階秩序がたがいの関係に安定感をもたらすにすぎない。自由な主体として立とうとするものは、安定した秩序を乱す阻害要因として、むしろ、排斥の対象にされる。

日本の近代社会に、知と思考の変質をもたらすそうした力が強く働いたことは、歴史の示すとおりだ。学歴イデオロギーの浸透ぶり一つをとってみても、わたしたちの社会にはいまなおその力が強く働いているといわねばならない。

敗戦直後の日本再建の黎明期に、「民主主義革命の完遂を」といい、「人間自由の問題への対決を」というとき、丸山眞男は知と思考のこうした変質の可能性についてどこまで自覚的だったろうか。いや、あえて変質の可能性などといわなくともよい。知と思考にもとづく確信に支えられた、自由で自立した主体の形成がどんなに困難であるか。そのことにどこまで自覚的だったろうか。そう問うとき、十分に自覚的だったという答えは得られない。

が、自覚の不十分は、ひとり丸山眞男だけの問題ではなく、日本の近代化社会の全体にかかわる問題だ。

敗戦を境にした世の中の変化は激甚であり、しかも占領軍主導の戦後改革は制度的な民主化を大きく進めるものだった。とすれば、すでにして西洋近代思想を身につけていた若き丸山眞男が、いまや、国民が自由で自立的な主体形成にむかう、またとない機会が到来したと考えても、ふしぎはなかった。知識人として発言の場にめぐまれ、啓蒙活動その他、民主化を推し進める実践の場に身を置いたことが、知的自立への期待をふくらませもしたかもしれない。

が、おのれの知的確信にもとづいて自立的に行動する、といった自由な主体への道は、民主化にむかう戦後期にあっても、いまだはるかに遠かった。〝一億総懺悔〟のスローガンに流されて、ごく普通の人びとがみずから戦った戦争の意味と責任を問おうとせず、また、最高指導者たる天皇の責任を不問に付し、極東軍事裁判で天皇が訴追されないことにむしろほっとした思いをいだいたことからも、遠さは容易に推し量られる。

それでも、一九四五年から一九六〇年代にかけての戦後民主主義の時期には、個人が主体的に生きようとする志は小さくなかった。わたし個人の体験に照らしても、その時期にあっちにぶつかりこっちに反発しながら少年期から青年期を過ごしたことが、西洋近代の主体性の思想を身につける上で大いに役立ったとは思う。

が、そのなかで経験した六〇年安保闘争にしても、六八〜六九年の全共闘運動にしても、闘争の終熄後にきまって訪れるのは、この国における自由で自立した主体性の未成熟という感懐だった。彼我の力関係からして闘争の政治的敗北はやむをえないとして、しかし、主体性の未成熟はやむをえないといって済ませられるものではなかった。そういって済ますのは、この社会で主体的に生きる意志を放棄することに等しかったから。

明治維新から数えて百三十年余、太平洋戦争敗北から数えて五十五年余、自由なる主体性の確立という課題はいまだ未解決の課題としてわたしたちに突きつけられている。丸山眞男の日本ファシズム論を過ぎさったこととして封印できないゆえんだ。

第三章　福沢諭吉と日本の近代化

福沢諭吉への評価

福沢諭吉は、数ある内外の思想家のなかで、丸山眞男がもっとも尊敬し、もっとも親近感をもち、もっとも多く論じ、もっとも肯定した人物である。

天皇制ファシズムへとむかう日本の近代化のありさまについては、丸山眞男はこれを強く否定する立場をとったが、ひきかえ、福沢諭吉のめざした近代化の方向性にたいしては、ほとんど全面的にこれを肯定した。いや、肯定というのでは足りない。日本をどう近代化すべきか、と問うとき、福沢諭吉こそが堂々とその指針を示してくれている。そう丸山眞男は考えた。日本の近代化の暗黒面ばかりが目につく戦時のファッショ体制のもとでも、また民主化へと大きく転換する敗戦後の社会にあっても、さらには、人びとが私的欲望の追求に心奪われて公的世界への関心を失ったかに見える高度経済成長下にあっても、丸山眞男の目には、福沢諭吉は近代化の指針でありつづけた。

福沢評価のこの一貫性は驚くに値する。社会のできごとや通念や常識にたいしても、個人の行動や思想にたいしても、つねに批判的に立ちむかおうとする丸山眞男が、こと福沢諭吉にかんしては、批判めいたことばを発することがないのだ。丸山眞男自身が自分にとっての二人の師としてあえて名ざしする長谷川如是閑と南原繁——この二人についてなにかをいうときにも、自分とのちがいを明確にし、相手を突きはなして見る視点を確保しようとする丸山眞男だが、福沢諭吉を論じる際には、相手のことばの内側へと入りこみ、その内部から声を発しようとする姿勢が際立つのだ。そこにあるのは傾倒とか心酔とかと名づけたくなるような関係で、生身の人間として師事することはなかったが、丸山眞男にとって、福沢諭吉は長谷川如是閑や南原繁以上の師であったように思われる。

軍国ファシズム下での福沢諭吉の著作との出会いを、それから数十年経った時点で、丸山眞男はつぎのように回想している。

ともかく福沢を読みはじめると、猛烈に面白くてたまらない。面白いというより、痛快々々という感じです。……とくに『学問のすゝめ』と、この『文明論之概略』は、一行一行がまさに私の生きている時代への痛烈な批判のように読めて、痛快の連続でした。……少なくとも戦争が終るときまでに、日本の思想家のなかで自分なりに本当によく勉強したなあと思えるのは、さきほどの荻生徂徠とこの福沢諭吉だったというわけです。

（集十三・39）

「痛快々々」との思いで読んだ福沢諭吉を痛快に語ることは、むろん、時代がゆるさなかった。論じる量からいっても、戦中の福沢論は少ないし、論の内容にも周囲をはばかる慎重さが感じられる。

窮屈な思いで、しかし、時流にたいする抵抗の意をこめて主張されるのは、おもに二つのこと、一つが福沢諭吉における徹底した反儒教主義、いま一つが個人主義(文明開化主義)と国家主義(国権主義)との結合である。

窮屈さが露出するのはとくに後者を論じる場合だ。敗戦二年前に書かれた時論の一節を引く。

福沢は単に個人主義者でもなければ単に国家主義者でもなかった。また、一面個人主義であるが他面国家主義という如きものでもなかった。彼は言いうべくんば、個人主義者たることに於てまさに国家主義者だったのである。

国家を個人の内面的自由に媒介せしめたこと――福沢諭吉という一個の人間が日本思想史に出現したことの意味はかかって此処にあるとすらいえる。(集二・219〜220)

「国家主義」や「国体護持」に不快感を募《つの》らせつつ、福沢諭吉を痛快々と思って読みすすんだ丸山眞男が、福沢諭吉を国家主義者だと考えていたはずはない。明治の知識人の多くがそうであったように、国家の独立をどう維持していくかについて深く思慮をめぐらす思想家ではあったが、当時いわれたような国家主義者、国権主義者とはほど遠いのが福沢諭吉だ。むろん、丸山眞男にもそう見えていたのにちがいなく、だから読むのが痛快々々なのだ。だが、それを率直にいうことはできない。状況を勘案したぎりぎりのいいかたが「個人主義者たることに於てまさに国家主義者だった」というものいいであろう。国家主義をとりあえず認めた上で個人の内面的自由をいう。それが戦時下における丸山眞男の苦渋の選択だった。

戦後は状況が一変する。

自由に福沢諭吉を論じることができる、というだけでなく、福沢諭吉の思想を受けとめるまたとない機会が到来した、と、そう丸山眞男は考えた。前章で扱った日本ファシズム論の執筆と重なる時期に、福沢諭吉の思想の核心にせまろうとする二論文「福沢における『実学』の転回——福沢諭吉の哲学研究序説」と「福沢諭吉の哲学——とくにその時事批判との関連」が書かれた。

どちらの論文にも、題名に「哲学」ということばの使われているのが目を引く。福沢諭吉のさまざまな発言の基底をなす、そのもっとも本質的なものをあきらかにしたい、という思いのあらわれであろう。それは、戦時下の天皇制ファシズムの精神ともっとも鋭く対立するもの、そして、戦後の民主化の過程においてもっとも強く求められねばならないものであった。

『文明論之概略』の哲学

論文「福沢における『実学』の転回――福沢諭吉の哲学研究序説」は、福沢諭吉の思想の核心をその学問的認識のうちにさぐろうとしたものである。福沢諭吉の提唱する「実学」はたんなる実用的な学問、たんに役に立つ学問ではない。実学の根底にあるのは、たんなる功利主義を超えた、確固たる学問観である。それはなにか。『福翁自伝』中の「東洋になきものは、有形に於て数理学と、無形に於て独立心と此二点である」という一節を引きつつ、丸山眞男はこれを以下のように敷衍する。

彼は東洋社会の停滞性の秘密を数理的認識と独立精神の二者の欠如のうちに探り当てたのである。……数理学と彼が云っているのは、厳密にいうと近世の数学的物理学、つまりニュートンの大成した力学体系を指す。……これは福沢に於ていわば学問の学問であり、あらゆる学問の基底であり、予備学であった。……ところで之に対してアンシャン・レジームに於て学問の中核的地位を占めたのは何であるかといえば、いうまでもなく修身斉家の学、すなわち倫理学である。……かくして、宋学なり古学なり、心学なり、水戸学なりの「実学」から、福沢の「実学」への飛躍は、そこでの中核的学問領域の推移から見るならば実に倫理学より物理学への転回として現われるのである。（集三・115）

福沢諭吉と物理学、独立精神と物理学、どちらの組合せをとっても人の意表を突く。それを承知で、丸山眞男は独立精神と物理学が結びつくところに福沢諭吉の学問観の真髄があるという。そこまで観察眼を行きとどかせなければ福沢諭吉の本質は見えてこない、という。

福沢諭吉も丸山眞男も専門の物理学者ではないから、物理学の理論に人を導こうとしてその大切さをいうのではない。物理学に典型的なものの見かたを、東洋社会に欠けたものとして顕彰しようというのだ。それは、自然なるものを、人間的な秩序とは独立の、それ自体の法則性をもつ存在としてとらえるような、そういうものの見かただ。自然をあくまで客観的にとらえようとするまなざしのことだ。それが東洋社会に欠けていたのは、東洋社会に独立精神が欠けていたからであり、その二つをともども作りあげていくのが真の近代化だ。福沢諭吉の学問観の核心を丸山眞男はそのようにとらえた。

人間が己れをとりまく社会的環境との乖離を自覚したとき、彼ははじめて無媒介に客観的自然と対決している自分を見出す。社会からの個人の独立は同時に社会からの自然の独立であり、客観的自然、一切の主観的価値移入を除去した純粋に外的な自然の成立を意味する。環境に対する主体性を自覚した精神がはじめて、「法則」を「規範」から分離し、「物理」を「道理」の支配から解放するのである。（集三・121）

自然と社会、法則と規範、物理と道理、といった対概念を巧みにつなぎあわせて、福沢諭吉のめざすところが広い視野のもとにとらえられている。社会秩序、規範、倫理が儒教の核心をなす領域だとすれば、そこから身を引き離して自然、法則、物理へとむかう福沢諭吉は、根っからの反儒教の徒だったということができる。

が、反儒教から物理学へ、という道は、いまだ事柄の一面を示すにすぎない。独立自尊の精神は、客観的な自然にじかにむきあう科学的な精神と手を結ぶものではあるが、客観的な自然をおのれの生きる唯一の場とするものではない。そもそも独立自尊の提唱が、身分的秩序や世間体に縛られた従属的・受動的な精神から、社会秩序と正面から対峙し、あらたな秩序を自主的・能動的に作りあげていくような精神の創出をめざすものだったのだ。物理学をつらぬく合理的・客観的な精神も、社会秩序のただなかで発揮されてこそ真に自主独立の精神といえるのだ。社会から学問へとぬけだした精神は、もう一度社会へと還ってこなければならない。

不自由な要素をふんだんにかかえこんだ社会のなかで、自由と自立を求めて生きるとはどういうことか。自由と自立を求める人はどう生きるべきか。

それを考えるところに福沢諭吉の思想の根幹がある。そしてその根幹を原理論として提示したものが『文明論之概略』だと丸山眞男は考える。さきにあげた二論文のあとのほう、「福沢諭吉の哲学――とくにその時事批判との関連」は『文明論之概略』を主たる題材とする論だし、それから四十年経った一九八六年（丸山眞男七十二歳）には、この主著を逐条的に解釈・解説した大著『「文明論之概略」を読む』が刊行されている。若い時代の力のこもった労作と老年の悠々たる談話体の大著が、福沢諭吉論として無理なくつながるところに、この明治の知識人への丸山眞男の傾倒の大きさをうかがうことができる。

『文明論之概略』で福沢諭吉はなにをいおうとしたのか。

それを要約していうのはむずかしい。むずかしいのは福沢諭吉の語り口のしからしむるところで、『文明論之概略』は求心力よりも遠心力の強く働く書物なのだ。そして、語り口はまた思想性に通じていて、福沢諭吉は、自分なりの論をしっかりと張りめぐらしつつも、それが不動のものとして固定してしまうのを好まない。論の裏側を、あるいは、論のむこう側を、見ないではいられず、そこに見えてくるものを、それはそれとして認めないではいられないのだ。
そういうものの考えかた、もしくは論の筋道の立てかたについて、福沢諭吉は十分に自覚的であった。そして、それをことばにもしている。とすると、ものの考えかたや筋道の立てかたをもって福沢諭吉の思想の根本にあるものと見なすこともできるかもしれない。丸山眞男が「福沢諭吉の哲学」というとき、哲学ということばにはそんな思いがこめられているように思われる。

「自由の弁証法」

福沢諭吉のものの考えかたを「自由の弁証法」と名づけて、丸山眞男はそれをこう説明する。

いかなる思想、いかなる世界観にせよ、その内容の進歩的たると反動的たるとを問わず、自由の弁証法を無視し、自己のイデオロギーによる劃一的支配をめざす限り、それは福沢にとって人類進歩の敵であった。彼はルソーに反し、又あらゆる狂信的革命家に反し、「自由は強制されえない」事を確信したればこそ、人民にいかなる絶対価値をも押し付ける事なく、彼等を多元的な価値の前に立たせて自ら思考しつつ、選択させ、自由への途を自主的に歩ませることに己れの終生の任務を見出したのであった。（集三・186）

「自由の弁証法」というのは福沢諭吉自身の用いたことばではない。ものごとにたいしてつねに柔軟な知性をもって当たる「自由の弁証法」は、『文明論之概略』中の語をもっていえば、「惑溺せず」の態度、ということになろうか。

「惑溺」とは今日では見慣れぬことばだが、丸山眞男は、福沢諭吉の文章中にあって「最も重要な中核的用語」（集十三・105）だと位置づけ、度《たび》重ねて注意を喚起している。福沢諭吉が格別の説明も注釈もなしに使っている「惑溺」を丸山眞男はつぎのように説明する。

それは人間精神の懶惰を意味する。つまりそれはあらかじめ与えられた規準をいわば万能薬として、それによりすがることによって、価値判断のたびごとに、具体的状況を分析する煩雑さから免れようとする態度だからである。そうしてその様な抽象的規準は個別的行為への浸透力を持たないから、この場合彼の日常的実践はしばしば彼の周囲の環境への単に受動的な順応として現われる。従って公式主義と機会主義とは一見相反するごとくにして、実は同じ「惑溺」の異った表現様式にほかならない。（集三・177〜178）

一定の公式や観念にとらわれて、その公式や観念をはみだす現実を正視できない心の状態。それが惑溺の名で呼ばれるものだ。惑溺の典型例として、福沢諭吉の前には五倫五常をかかげる儒教道徳があり、丸山眞男の前には「八紘一宇」「肇国の精神」「滅私奉公」「撃ちてし止まん」を合言葉とする天皇制ファシズムがあった。そして、維新と敗戦を境に儒教道徳と天皇制ファシズムが国の全体をおおうことがなくなっても、それは惑溺の消滅を意味するものではなく、維新後の文明開化や自由民権運動にも、敗戦後の文化国家や民主化運動にも、惑溺は、支配層のなかにも被支配層のなかにも広く見られた。いや、いまだってわたしたちは種々の惑溺のもとにあるといえるので、学歴社会だの、リストラだの、IT革命だの、行政改革だの、日本人論だの、戦争論だの、いずれも惑溺の要素を多分にふくみつつ流布することばである。

惑溺をそのようにとらえれば、惑溺とは無縁な人間は存在しないといわねばならない。惑溺を鋭く批判する当の福沢諭吉や丸山眞男にしても、独立自尊をよしとし、人びとに学問をすすめるかぎりで、あるいは、天皇制ファシズムを批判し、個人の主体性の確立を志向するかぎりで、なにほどかは惑溺に足を踏みいれているといわざるをえない。必要なのは、むしろ、そのことを認めた上で、惑溺を乗りこえるべく不断に努力を重ねることだ。

自分のよしとする価値やおのれのものの見かたにたいして、自分に対立する価値やものの見かたにたいするのと同じように、批判的に立ちむかうことだ。他人の惑溺にたいする批判が、どうしても自分の惑溺にたいする批判を呼びさまさざるをえない。そこに惑溺という心理の根ぶかさがあるし、「惑溺せず」という態度を維持するむずかしさがある。

むずかしさを知りぬいていた福沢諭吉は、おのれの思考の内部で自他の公式や観念をたえず批判的に吟味するとともに、人びとがたがいにふれあう社会の場で惑溺をぬけだす方途を模索した。

「多事争論」

方途の最たるものが、丸山眞男の好んで引用する「自由の気風は唯多事争論の間に在て存する」（『文明論之概略』巻之二、第二章）というものだ。

「多事争論」は当人の造語だろうが、いかにも福沢諭吉らしい。「多事」はあれこれ事が生じてわずらわしい状態であり、「争論」はいろんな意見が飛びかって収拾のつかない状態だ。それが合わさった「多事争論」は、私的な生活においても公的な場面においても、まずは避けて通りたい状態といってよろしかろう。人心の収攬をめざす権力者の意向に反するだけでなく、平穏無事を願う世間の良識にも衝突するような「多事争論」なる語をあえてもちだし、そこにこそ「自由の気風」が養われるという。「独立自尊」を説く福沢諭吉が、それを西洋伝来の借りものの観念としていうのではなく、自身、権力にたいしても世間にたいしても独立自尊の姿勢を保つさまが如実に読みとれる措辞だといえよう。惑溺をまぬがれるには、多事争論を受けいれるというにとどまらず、あえて多事争論の状態を作りだすことが必要だと福沢諭吉は考えたのである。

周末の諸子百家の時代を、「天下大に乱ると雖ども、独裁専一の元素は頗る権力を失ふて、人民の心に少しく余地を遺し自から自由の考を生じたる」(同右)時代として積極的に評価する論法も、同じ考えに出るものだ。それについて丸山眞男はこう解説する。

時は天下大いに乱れ、王道が失われた覇王の時代です。この戦国時代に出てくるのが諸子百家ですから、大体において、いわば「末世」の徴候として扱われる。孔孟の思想にたいする異端にみちあふれた乱世と見られます。……儒教を排撃した国学にとっても、諸子百家はやはり「からごころ」であり、春秋戦国時代を「乱世」とみる点は同じです。……

〔そうした〕当時においては、この福沢の見方〔諸子百家の時代にたいする積極的評価〕は……たいへんショッキングだったろうと思います。諸子百家の異端も孔孟からみれば異端であるが、異端の側から言えば、孔孟もまた一つの異端にすぎないというのです。つまり、ここでまた福沢は、「異端妄説の譏《そしり》を恐るゝことなく、勇を振て我が思ふ所の説を吐く可し」と第一章で述べた主張をあらためて根拠づけているわけです。……中国の歴史のなかで、すくなくもこの諸子百家の時代は「人心の活潑にして自由の気風ありし」時代であったと推論しています。

（集十三・133〜134）

こうした乱世のとらえかたと、さきの「多事争論」の主唱とを一つの糸で結ぶと、その社会観は弁証法哲学者ヘーゲルのそれにきわめて近いものであるのが知られる。矛盾・対立・闘争のうちにこそ社会の生命力と発展があるという社会観に。

乱世とは世の中が安定せず、全体を一つにまとめあげるような価値や思想や生きかたが存在せず、対立し抗争するさまざまな意見や主張が広く存在するさまをいう。そうした乱れたさまを大小さまざまの集団や組織や会議の場で実現しようとすること、それが多事争論を求めるということだ。大は国家から小は二、三人の集団に至るまで、そこに矛盾や対立や闘争があるからこそ社会は生き生きしたものとなる。そういう社会観をヘーゲルと福沢諭吉は共有しているのだ。

とすると、多事争論は惑溺を脱却するための社会的方途というだけでは済まない。多種多様な個人が集まって大小さまざまな集団をなす人間社会においては、むしろ、多事争論こそが自然なすがたであって、その自然なすがたを実現するなかでおのずと社会の活性化が図られる。そう考えるべきだということになる。

が、多事争論こそ社会の自然なすがただとの確信がどんなに強くとも、福沢諭吉の目にする日本社会が、その自然なすがたからほど遠いことも、否定すべからざる事実だった。自然科学的な目をもって冷静に客観的に観察すれば、その事実はいよいよ否定できないものとして見るものにせまってくる。となれば、自然なすがたをゆがめ、自然のままを実現させない力もまた社会のうちにぬきがたく存在すると考えねばならない。それはなにか。

すでにあげた、江戸時代の社会生活の基調をなす儒教主義は、その最有力の力の一つに数えることができる。上下の位階をもとに構成される社会秩序を、天然自然の道と考える儒教主義は、多事争論を社会の自然なすがたと考える社会観とはまっこうから対立する。だからこそ、福沢諭吉は徹底した反儒教主義の立場に立たざるをえなかったのだが、『文明論之概略』の「第九章　日本文明の由来」において、儒教主義に典型的な反自由・非自由の気風を、「我国の文明を西洋の文明に比較して、其趣の異なる所は特に此権力の偏重に就て見る可し」と表現した。

「権力の偏重」とはなにか。

上を重んじ、下を軽んじるのが権力の偏重だとひとまずいえるが、福沢諭吉はその例をつぎからつぎへとあげていく。「爰に男女の交際あれば男女権力の偏重あり、爰に親子の交際あれば親子権力の偏重あり、兄弟の交際にも是あり、長幼の交際にも是あり、家内を出で、世間を見るも亦然らざるはなし。師弟主従、貧富貴賤、新参故参、本家末家、何れも皆其間に権力の偏重を存せり。尚一歩を進めて人間の稍や種族を成したる所のものに就て之を見れば、封建の時に大藩と小藩あり、寺に本山と末寺あり、宮に本社と末社あり、苟も人間の交際あれば必ず其権力に偏重あらざるはなし。或は又政府の中にても官吏の地位階級に従て此偏重あること最も甚し。政府の吏人が平民に対して威を振ふ趣を見ればこそ権あるに似たれども、此吏人が政府中に在て上級の者に対するときは、其抑圧を受けること平民が吏人に対するよりも尚甚しきものあり。」（福澤諭吉全集　第四巻　146〜147）

福沢諭吉が右の文を書いたのが一八七五年。それから百二十五年を経過して二十一世紀を迎えたいま、権力の偏重がどこまで薄らいだのか。男女の関係や、親子、兄弟、長幼といった家庭内の関係では、目に見えて偏重がなくなりつつあるといえるだろうが、その外の世間や種族（いまでいえば企業などの大組織を考えればよいか）や政府・官庁についていえば、偏重がかえって強まっているとさえ思えるほどだ。リズミカルな文語文を書きうつしつつ、そんな思いが胸をかすめる。

権力の偏重がもたらすもの

それはともかく、権力の偏重にかんして丸山眞男はつぎのように解説する。

ここで福沢の考え方に二つ、大事なことがあると思います。一つは……人間関係の「構造」としての権力の偏重ということ。つまり人間交際のなかで権力の偏重がまず下部構造として、土台としてあって、その上層建築として、たとえば政治権力の偏重もあるのだ、という観察です。

それから第二には、権力の偏重というのは、たんに事実の問題ではなくて、価値の問題であるということです。……たんに事実問題とみれば、ヨーロッパにも大貴族と小貴族がありますし、大自治都市と小自治都市もありますから、大小の差の存在は必ずしも日本の特質とはいえない。「権力の偏重」が日本文明の構造的特質なのは、この事実上の大小に価値が入ってくるからだ。つまり、小より大の方が偉い、という価値づけを同時に伴なっている。それが問題なのです。（集十四・130〜131）

権力の偏重が人びとの生きかた、ものの考えかたに深く浸透していることは、前章の日本ファシズム論において丸山眞男がくりかえし指摘していたことだ。そして、それが個人の主体性の欠如と表裏をなす心性だということも。右の二点をおさえた上で、丸山眞男はさらにつぎのようにいう。

> ここには、権力の偏重が実体概念ではなく、関係概念なのだということがよく示されています。特定のある人間が権力の偏重を「体現」しているのではなく、上と下との関係においてある。ですから、上にたいしてはペコペコし、下にたいしては威張っているという「関係」が、ずっと下まで鎖《くさり》のようにつながっている。ある傲慢な人間がいるのではなくて、同じ人間が下に対すると傲慢になり、上に対すると卑屈になる――そういう関係概念としての権力の偏重が見事に描かれています。（集十四・133）

権力の偏重が社会を上から下まで秩序づける枠組としてあり、その枠組に組みこまれた人びとは秩序にふさわしい心性におのずと染まっていく。そのようにして関係概念としての権力の偏重はゆるぎなく社会に定着していく。

その根強さを福沢諭吉も丸山眞男も知悉していた。のみならず、根強い権力偏重の気風が身のまわりにも押しよせてくることに、不本意な、窮屈な思いをしていた。西洋の近代思想に親しむなかで、その思いはたんなる個人的な感懐の域を超え、日本の社会的現実に抵抗し、それを批判する思想性へと発展した。二人の生きる時代がまた、一時期にもせよ、そうした抵抗と批判の精神を支援してくれるようにも思えた。

が、世紀の変わり目の二〇〇〇年——明治維新から百三十年余、太平洋戦争敗北から五十五年——の時点に立ってみると、二人の主唱した「独立自尊」や「個人の自由な主体性」にくらべて、かれらの批判した「権力の偏重」のほうがいまだはるかに深く日本社会に浸透している、との思いを禁じがたい。福沢諭吉も丸山眞男も、口に「独立自尊」や「自由な主体性」を唱えただけでなく、その生きかたからしても一個人として独立した自由な生涯を生きたといっていい。が、そういう生きかたは多くの人びとの共有するところとはならず、社会全体のなかに置けば、かれらのほうが例外の部類に属するといわねばならないのだ。二人の著作はともによく読まれ、その思想は、とくに知的社会では、一定の理解と共感を得ていることは疑いないが、権力の偏重を突きくずすに足る力をもっているとはとうていいえない。人類の歴史は自由の実現をめざす歩みであり、世界史上の近代こそ万人が自由になる時代だ、と言明したのは西洋近代を代表する哲学者ヘーゲルだが、個と共同体の関係という面で見るかぎり、日本社会は、いまだ自由を求めて遅々たる歩みを進める、近代化の途上にあるといわねばならないのだ。

日本の近代化のイメージ

そう考えるとき、ではこれまでの日本の近代化はなんだったのかが、あらためて問われねばならない。

あらためて明治維新以後百三十年余の日本近代の歴史をながめわたすと、物質面の近代化と精神面の近代化がまったくちぐはぐに進んできたことがわかる。物質面の近代化の中心をなす工業の進展についてみれば、官民一体となった富国強兵・殖産興業政策のもと、まずは軽工業が大きく発展し、ついで重工業、重化学工業と発展の輪が広がり、敗戦によって大打撃を受けたあとも、急速なテンポで復興が進み、一九六〇年代に本格化する高度経済成長は欧米先進諸国をもはるかにしのぐ成長ぶりを示し、一九七〇年代には自他ともに認める経済大国となった。それにともなって、交通、通信、電気、ガス、上下水道などの公共施設も着々と整備されてきて、人びとの衣食住の形態も、伝統的なものをあちこちに残しつつも、確実に都市の近代生活に近づいていった。海外旅行で欧米の都市に滞在しているとき、ふと自分の気分を振りかえると、旅をしている実感はあるが、異国にいるという実感は薄い。日本社会の物質面での近代化の進展ぶりをよく象徴する心事だ。

くらべていえば、精神面の近代化は、着々と進行した、などとはとうていいえない。ドイツのナチズムやイタリアのファシズムやアメリカのマッカーシズムの例を見れば、欧米諸国にも本当に近代思想が根づいているのかどうか、疑問なしとしないが、個人の主体的自由を最大限に認めつつ、各人の自主的な同意にもとづいて秩序を形成していく、といった西洋の近代精神をかりに精神面の近代化を測るものさしにしたとして、明治以降の日本の百数十年は、前進したのか後退したのかもさだかならぬ動きをしているといわねばならない。物質面からしても精神面からしても、日本の近代化は、西洋をお手本とする近代化だといっていいが、お手本をわがものとしていく物質的な消化吸収と精神的な消化吸収とのあいだには、極端にいえば、天と地ほどの差があるのだ。欧米先進国の文物や制度や精神をとりいれるのが東洋その他の国の近代化の基本的な方向だが、日本の近代化を見ると、物質面の近代化と精神面の近代化は平行して進むものではまったくなく、いっそ別の次元の事柄だと考えたくなるほどである。

が、二つを切り離す考えは福沢諭吉にはなかったし、丸山眞男の日本近代化論にも稀薄だった。二人はともに西洋近代思想の普遍性を信じ、それをおのれの血とも肉ともしえた類《たぐい》稀な思想家であって、その価値を深く確信しえたがゆえに、物質面の近代化に精神面の近代化が相ともなうことを願わずにはいられなかった。

そういう願いをもって歴史にむかうとき、精神面での日本の近代化はどのようなものとしてイメージされるのか。明治維新後三十数年で生を終えた福沢諭吉はともかく、リベラリズムと民主主義をおのれの信条とし、日本政治思想史を専門とする昭和の人丸山眞男にかんしては、それは思想の核心にふれる問いである。

開国にはじまる日本の近代化は、当初は、精神面の近代化についても十分な可能性をもっていた。そう丸山眞男は考える。

のちにつくられた日本帝国の支配体制が、きわめて巧妙に構築されているために、今日から見ると維新政府は、成立当初からそうした体制のイメージを明確に頭に描いて一切の政策を押し進め、そうした通路の障害となる民主的な動向を着々と排除していったように考えられやすい。けれども、少なくとも維新後十数年の歴史的状況は、もっとどろどろした液体性を帯び、そこには種々の方向への可能性がはらまれていたように思われる。（集八・74〜75）

旧来の秩序が大きくゆさぶられるとき、変動と混乱のなかでさまざまな新しい可能性が見えてくるのは当然だ。もう、鎖国の状態にも、幕藩体制にも、後もどりはできない。時代は、欧米先進国の文化・文明をとりいれる方向へと大きく動いている。精神面での近代化に有利に働く条件と可能性が時代のうちにいくつも見いだされる。開かれた社会への展開を示すものとして、丸山眞男は、さきの引用文をふくむ論文「開国」で以下のような事例を列挙している。

一、民間ジャーナリズムの発達
二、一般的・抽象的理性への信頼
三、自由討議の重視
四、自主的集団の形成　(集八・78～81)

明六社などの活動を念頭に置いた列挙で、これらの事例のうちにはまちがいなく精神の近代化にむかう可能性を読みとることができる。福沢諭吉の『学問のすゝめ』や『文明論之概略』も、こうした時代的雰囲気のなかで、精神の近代化の可能性をもっともゆたかにふくむものとして書かれ、また、広く読者に受けいれられもしたのである。「独立自尊」「惑溺せず」「多事争論」「権力の偏重の克服」といった福沢諭吉の主張は、右の四項目に示される時代の可能性と見事に呼応するものということができる。

明六社の失敗

が、時代が進むにつれてそうした可能性はしだいにその芽を摘みとられていく。たとえば、一八七四年に正式発足した明六社は、翌年の十一月には『明六雑誌』の廃刊を余儀なくされ、同時に集団としての活動も消滅する。丸山眞男はいう。

明六社のような非政治的な目的をもった自主的結社が、まさにその立地から政治を含めた時代の重要な課題に対して、不断に批判していく伝統が根付くところに、はじめて政治主義か文化主義かといった二者択一の思考習慣が打破され、非政治的領域から発する政治的発言という近代市民の日常的なモラルが育って行くことが期待される。その意味では、この明六社が誕生わずか一年余りで讒謗律、新聞紙条令といった維新政府の言論弾圧によって解散しなければならなかったということは、近代日本における開いた社会の思考の発展にとって象徴的な出来事であった。（集八・83〜84）

明六社の当初の会員は箕作秋坪、西村茂樹、杉亨二、西周、津田真道、中村正直、福沢諭吉、加藤弘之、箕作麟祥、森有礼の十名である。その多くが欧米を実地体験した洋学者で、日本の啓蒙運動と文明開化を指導する位置にあった錚々たるメンバーである。個人の自立や言論・表現の自由の大切さを十分に理解していた人びとである。それが、民衆の自由・独立と社会の文明開化をめざす『明六雑誌』をわずか一年あまりで終刊にし、会としての活動もしなくなるのはなぜか。

藩閥政府の言論・思想弾圧が強まり、時代の空気が福沢諭吉のいう「権力の偏重」に逆もどりしつつあった、ということはあろう。しかし、そうした権力の弾圧や社会の不自由な雰囲気にたいして、あくまで自由・平等の旗をかかげ、言論による抵抗の姿勢を堅持するところにこそ、西洋近代思想の面目があるのではないのか。

そう思ってさきの十人の明六社会員の思想性を考えると、中村正直、福沢諭吉を除く八人には体制にたいする抵抗の思想があったとは思われない。かれらの多くは、さしたる疑問も感じることなく藩閥政府の官吏の地位に就いている。官吏として高みから民衆を啓蒙することと、みずから自由で自立した一個人として生きることとのあいだに、矛盾を感じてはいない。権力の側に近づくことと自主独立の個人として生きることが、一個人のうちに無理なく同居している。自主独立の思想が権力と対抗しうるだけの強さをもたないのだ。

「其疑を存するとは、此学者士君子、皆官あるを知て私あるを知らず、政府の上に立つの術を知て、政府の下に居るの道を知らざるの一事なり」(『学問のすゝめ』四篇)、「今の世の学者、此国の独立を助け成さんとするに当って、政府の範囲に入り官に在て事を為すと、其範囲を脱して私立するとの利害得失を述べ、本論は私立に左袒したるものなり」（同上）といった考えは、明六社にあっては少数意見にとどまったのである。

自立と抵抗の思想の弱さは、啓蒙的知識人だけに見られたものではない。維新前後の混乱と無秩序が国家的統一にむかって収束していくにつれ、自立と抵抗の思想は、さまざまな領域で、体制への帰順の思想に変質していった。たとえば、「明治初期においてはキリスト教に入信すること自体が多かれ少なかれ『世間』にたいする反逆と独立の決断なしには行なわれなかった」（集八・238）とされるキリスト教が、明治三十年代には「世間」と融和するキリスト教に変質している。

日本のキリスト教の意外に速やかな天皇制への同化は、種々のキリスト者の精神構造の問題だけでなくて、明治におけるキリスト教が主として依拠した社会的な基盤の推移と深く関係している。初期の地方農村への活発な伝道が頭うちになり、教会が大中都市に集中したこととと、前述した自主的中間層の変貌〔官僚化と都市化〕とは、互に因となり果となって「信徒」を「臣民」のなかに吸収させたのである。

十年代の自由民権思想は抵抗権の発動の構成要件、主体、手つづき等についての考察がほとんど欠けているにせよ、ともかく抵抗権という一般的発想はそこにかなり普遍的に見出された。ヨーロッパで抵抗権思想が元来キリスト教から発生し、それと不可分の関係で発展して来たことを考えれば、日本の近代キリスト教において、自由民権運動程度の漠然たる抵抗権思想さえも姿を消していることは、やはり大きな問題といわねばならない。たとえばカルヴィン Calvin においては信仰の自由にたいする権力の侵害はほかならぬ神の主権への反逆であり、これに対する抵抗権の行使はまさに侵害された神の主権の恢復として信徒の神聖な義務とされる。……種々の面でカルヴィニズムに近い内村でも、こうした考えからは……遠くへだたっている。内村や柏木のあれほど一貫した「忠君愛国」的な忠誠にたいする批判さえも、ついに明確な抵抗権という基礎の上に築かれることがなかった。（集八・239〜240）

世俗の権力や権威とはっきり次元を異にする神の権力と権威にしたがうこと、それはキリスト教信仰の基本中の基本といってよい。ことばの上ではそんなことを何度も耳にし、ひょっとして何度も口にしたかもしれない敬虔なキリスト者が、いつしか国家に従順な「臣民」になっていく。いや、名もなき信者だけではない。キリスト教研究に深く打ちこみ、堅固な信念のもとに国家や社会の不義を痛烈に批判し、キリスト教の伝道に力を尽くした日本有数のキリスト教思想家内村鑑三や柏木義円にしても、抵抗権の理解は十分でなかったと丸山眞男はいう。明治維新から三十年、自由と自立の思想は日本の社会にそれほどまでに根づきがたいものになっていたのだ。

板垣退助の変節

根づきがたさを戯画的にというか茶番的にというか、あきれるほどの低劣さで示す事例がある。いまの引用で、「抵抗権という一般的発想はそこにかなり普遍的に見出された」と評価された自由民権運動の、その延長上に結成された自由主義政党演じるところの、明治二十年代の醜態である。

すでに第一〔回帝国〕議会において、陸海軍軍事費の問題で、民党と政府が烈しく衝突した時に、藩閥政府の裏面工作によって、民党は妥協しているのであって、議会が開設されるかされないうちに、かつてあれほど藩閥政府の心胆を寒からしめた自由主義政党は、政府の提供する黄金と官職の魔力の前に膝を屈してしまったのである。すでに第一議会の時から、政党の後年の腐敗の萌芽がきざしていたことは注意せねばならぬ。後年、板垣自身が、自由党を伊藤博文に譲り渡すまでの経緯を、つぎのように告白している。

「……我国最初の政党たる愛国公党結盟以来、予は自ら全国に遊説して自由民権を宣伝し、足跡海内に普《あまね》きにも拘らず、且つ予を以てしては、到底鋤犁を入るる能はざる政界の分野あり、即ち実業家並に旧官吏の階級なり。然かも帝国議会開設以来、破壊的の時代既に去って建設的の時代となれる以上は、政党の大を成し勢力を扶植するが為めに、新たなるこの分野を閑却すべきにあらず。之に加ふるに……党内に於て政権を渇望するもの漸く多きを加へ、且つ……明治二十五年の選挙干渉以来、黄金の魔力は常に政界を圧し、議員は解散を恐るること虎狼の如く、……予が厳格の天性は、斯くの如き党員を率ゆるに適せざるを切に感ずる所あり、……遂に自由党を之に〔伊藤博文に〕譲りたるに、果して実業家並に旧官吏を網羅し得て、厖大なる政党となれり」(板垣退助、我国憲政の由来)……

かつては藩閥政府と結託した御用商人、いわゆる「紳商」を排撃することが、自由党の生命であったものが、その後十数年にして、逆に藩閥政府の特権的な庇護をうけるブルジョアジー、ないし地主勢力の露骨な利益擁護の機関となってしまった。

(集三・240~241)

「全国に遊説して自由民権を宣伝し」ていた自由民権運動の中心的指導者板垣退助が、やがて、みずから指導する自由党を、藩閥政府の中心人物たる伊藤博文に譲りわたしてしまう。いっそ笑いたくなるほどの変節ぶりである。かれの宣伝していた「自由民権」とはいったいなんだったのか。「自由民権」という主義主張から、どうやって自由党を伊藤博文に譲るという考えが出てくるのか。明治十年代の自由民権思想にあったと丸山眞男のいう「抵抗権という一般的発想」は、もうここにはかけらもないと断じていい。

ここまであからさまに変節が語られるのはめずらしかろうが、この言に読みとれる変節の二つの面は、日本人に広く見られる特質といえそうに思われる。

二つの面とはなにか。

その一つは、「予が厳格の天性は、斯くの如き党員を率ゆるに適せざるを切に感」じて、身を引くところだ。

見ようによっては、潔癖とも恬淡《てんたん》とも評される身の処しかただが、自由民権の確立を志す人間にふさわしい態度ではない。藩閥政府と対決しつつ民衆の自由と権利を獲得していく、という初心がゆらぎ、党内に権力欲や金銭欲が広がりつつあるときこそ、まさに覚悟をきめてその勢いとたたかうのが自由民権思想の本位なのだから。西洋近代における自由権や平等権は、それを押しつぶそうとするさまざまな力とたたかうなかで獲得されてきたものなのだ。たたかいのなかでは、変貌もあれば変質もあり、ときには裏切りもあって、そういう勢力が多数を占めたこともあったが、そうした逆境にあっても自由と平等を求めつづける力が確固として存在したからこそ、自由権や平等権が広く社会に認められるに至ったのだ。

「政府の提供する黄金と官職の魔力」に屈する党員の多いなかで党首の位置にあることは、たしかに「厳格な天性」に適したことではなかろう。そこで身を引くのは日本的美意識にかなってもいよう。が、そうした党の大勢とたたかうことをやめるのは、自由民権の思想を放棄するに等しい。身を引いて、こともあろうに伊藤博文に後事を託すというのは、おのれの思想性を美意識の覆いのなかにくるみこんでしまうに等しい。

それでも覆いを突きやぶっておのれを主張してやまないのが自由の思想であり、主体性の思想である。出処進退は潔癖さという美意識のうちにおさまっても、思想はおさまらない。そういう強さをもつのが西洋近代の個の思想であり、主体性の思想なのだ。そこでは個と集団――いまの場合でいえば、板垣退助と自由党――が矛盾をきたすことは当然の前提事項となっていて、矛盾のなかでいかに個としての主体性をつらぬくかが思想の生命力を決定するのだ。それは人の和を尊重し、まわりとの融和を大切にする集団作りとは、大きく方向性のちがう生きかたといわねばならない。西洋にあっても自由と主体性の思想をつらぬくには強い精神が必要とされるが、事あるごとに和や融和の強調される日本にあっては、近代思想を生きるにはさらなる強い精神が必要とされるのだ。

独立自尊や多事争論を主唱し、惑溺や権力の偏重を批判した福沢諭吉は強い精神の持主だったが、板垣退助はそうではなかった。そういう人物を党首に戴き、やがては、対決すべき敵陣営の中心人物を党首に迎える自由党は、これまた強い精神の党ではなかった。自由民権の思想を筋金とする党ではなかった。

「党勢拡大」が自由民権をつぶす

個と集団の矛盾を生きられない精神の弱さが自由党の変節の一つの面をなすとすれば、変節のもう一つの面は、集団が強大化していくにつれて内部に上昇志向、ないし、エリート志向が強くなることである。

板垣退助の先の文は、少ないことばのうちにその間の事情をよく伝えている。いわく、「帝国議会開設以来、破壊的の時代既に去って建設的の時代となれる以上は、政党の大を成し勢力を扶植するが為めに、新たなるこの分野〔実業家と旧官吏の階級〕を閑却すべきにあらず」と。

自由民権の思想をつらぬき、それを社会に実現していくことよりも、党勢を拡大していくことに力の注がれるさまが見てとれる。民衆の一定の支持の上に政治勢力として一定の力を得た集団が、さらなる力を手にしようとして時の支配層と結びつこうとする。政治の世界ではよく見られる構図だが、それは自由民権の思想をつらぬく道ではない。自由と民権を自覚した民衆を、政治的な意志決定の主体へと押しあげるところに自由民権思想の本領があり、それを実現するには、あくまで民衆の生活と心理に結びつくのが党の基本でなければならないからだ。政治にはかけひきや妥協や集合離散はつきものだから、自由民権の党がときに実業家や旧官吏と結びつくことはあろうし、あってよかろうが、少なくともそれは民衆とさらに強く、さらに深く結びつくための、危険なまわり道であることが自覚されていなければならない。ここでも、必要とされるのは矛盾を生きぬく精神の強さ、精神のしたたかさである。

党員のなかには、強く、したたかな精神の持主もいなくはなかったろうが、党の大勢は支配権力と結びつくほうへと大きく傾いた。板垣退助はいう。「党内に於て政権を渇望するもの漸く多きを加へ、且つ……黄金の魔力は常に政界を圧し……」。「自由民権」をもじっていえば、この趨勢は「不自由官権」の党への歩みといって差しつかえない。政治を民衆へと近づける方向性や、自立した個人のあいだの自由な議論を通じてものごとを決定していく、といった方向性は、そこには望むべくもない。

党が一定の社会的影響力をもち、その力をさらに大きくしようとするとき、こういう変質が生じたのだ。集団としても個人としても、社会的ないし政治的な力の自覚が、上昇志向とかエリート志向とかと呼ばれる心の動きを誘いだす。思想性の強さとゆたかさ、思想内容の是非善悪はもはや本質的な問題とはならず、勢力の大小と地位の上下が第一義の問題となる。さらには、勢力が大きくなり、地位が向上することをもって、思想性が強く、ゆたかであり、思想内容が正しいことのあかしだとする錯覚すらうまれる。エリート志向の心事は、独立自尊、多事争論の精神からは遠く、おのずと権力の偏重へとむかわざるをえない。維新後の西洋文明の輸入に当たっては、下級武士出身の知識人層が指導的な役割を果したが、かれらのうちに権力へと近づく上昇志向が広がったとき、個の自由と自立を基礎とする近代思想は、知識人を知的に支える思想ではなくなったのである。

こうして、以後、啓蒙的知識人をも、キリスト者をも、自由主義政党をも内にとりこむかたちで、上からの物質面での近代化が着々と進められていく。

天皇制的な「正統性」が原則的に確立したのは、自由民権運動を強力的に鎮圧した土壌の上に帝国憲法の発布、市町村制の施行、教育勅語の渙発などが相ついで行なわれた明治二十二、三年以降のことであり、ほぼこの頃から社会的規模で開始された日本帝国的信条体系への「臣民」の同化過程は、明治三十年代の中頃までに一応のサイクルを完了する。経済的にも、明治十年代の資本の本源的蓄積過程によって地方産業の自生的な芽ばえは無残につみとられ、その地均《じな》らしの上に、二十年代からの日本の「政商」型資本主義がようやく発展の緒につきはじめる。……全体制的な意味での日本の「近代」はこの頃からはじまるといってよい。（集八・223）

「全体制的な意味での日本の『近代』」が「天皇制的な『正統性』」を土台とするものである以上、それは、個の自由と自立を基礎とする近代精神をはじきとばして作りだされた近代であった。社会の全体を巻きこんで進む物質面での日本の近代化は、精神面での近代化に背をむけるようにしておこなわれた。内村鑑三や柏木義円のような反体制的キリスト者においても明確な抵抗権の思想が見られないのを遺憾としつつ、その理由をも、丸山眞男は、天皇制的な日本の近代化の構造に求めている。

日本帝国の頂点から下降する近代化が異常なテンポと規模で伝統的な階層や地方的集団の自立性を解体して底辺の共同体に直接リンクしたこと、その結果、中間層にとって公的および私的な（たとえば企業体の）官僚的編成のなかに系列化される牽引力の方が、「社会」を代表して権力に対する距離を保持しつづける力より、はるかに上廻ったこと――

こうした巨大な社会的背景を度外視しては右の問題〔抵抗権の未成熟の問題〕は考えられないように思われる。（集八・240～241）

西洋近代の社会では、国家権力から一定の距離を保って存立する教会権力、貴族層、自治都市、職能ギルドなどがそれなりの力をもつのにたいして、そうした勢力が江戸の幕藩体制にがっちりと組みこまれていた日本では、明治の近代国家においても、国家権力から相対的に独立した社会勢力はきわめて脆弱だったから、政権が安定へとむかう明治中期以降、中間層が「『社会』を代表して権力に対する距離を保持しつづける」より、「公的および私的な官僚的編成のなかに系列化される」傾向が強くなるのは、時代の趨勢といえなくはない。多くの人がそういう動きをするのを、一概に否定も非難もできない。

近代という時代と思想のあいだ

が、一方また、そういう趨勢に流されるがままになるのは、思想にとって死を意味するのも厳然たる事実である。趨勢のままに生きるのには、思想はいらない。とりわけ、個の確信を根拠になりたつ近代思想は、時代の趨勢と対峙しつつ、それとのさまざまなぶつかりあいのなかでおのれを守りぬくことにその生命力があるのだ。啓蒙思想も、自由と民権の思想も、信仰の自由の思想も、西洋近代社会にあって、そのようにしておのれを鍛え、人びとの共感を獲得してきたのだ。そうした思想の信奉者が、個人的あるいは社会的な事情ゆえに「公的および私的な官僚的編成のなかに系列化される」ことは十分考えられるが、その場合でも、官僚的編成に呑みこまれてしまわないだけの思想的自立性を内面にもち、系列化された自己とおのれの確信のもとに生きる自己との矛盾を自覚し、矛盾のなかで内面的な自己をつらぬくのが思想を生かす道であり、思想を生きる道なのである。

西洋の思想家や知識人にあっても、思想と時代状況とのかかわりはつねに複雑な問題をはらんでいる。時代状況ゆえにうまれ、時代状況ゆえにつらぬかれた思想がある反面、時代状況にもかかわらずうまれ、つらぬかれた思想もある。とはいえ、時代状況との複雑なかかわりのなかで、自分の主体的な力でもっておのれの思想を保持し、つらぬこうとした、そういう思想家ないし知識人のいたことはたしかなこととして信じられる。それが西洋の社会における思想のありかたである。

日本の場合はどうか。

「種々の方向への可能性がはらまれていた」と丸山眞男がいう明治維新期には、たしかに思想家や知識人のうまれやすい条件はあった。

近代知識人の誕生というのは、まず、身分的＝制度的な錨付《いかりづ》けから解放されること、それから、オーソドックスな世界解釈の配給者という役目から解放されることが前提となります。そういう二重の意味で「自由な」知識人がここに誕生する。……多様な世界解釈が、ちょうど商品が市場で競いあうように、思想の自由市場で競いあう時代がくる。これが近代の誕生であり、……すくなくもそこでは、知識人の思想や言論が何らかの権力や制度によって特別に保護されている関係がなくなります。……

明治の初期に活躍した知識人、たとえば明六社に結集した人々は、皮肉なことにほとんど幕府の蕃書調所とか、学問所とかに仕えていた知識人でした。薩長など、つまり幕府を打倒した側からはあまり出てこないで、かえって、幕府側もしくは佐幕諸藩の側から初期の近代知識人が生まれた。打倒される側の方が身分的に放り出されることが早いし、またそういう「根こそぎにされた」という意識を持ちやすい状況にあります。

こうして、身分的＝制度的な錨付けから解かれることと、思想の自由市場での多様な世界解釈の競争に参加することとが同時に起るのです。（集十三・45～46）

身分的＝制度的錨付けから解放された自由な知識人が、思想の自由市場で多様な世界解釈を競いあう。そうした社会的条件のもとで言論活動にたずさわる知識人が、個の自由と自立を価値あるものだと考えるのは理の当然だ。個々の知識人が身分や制度や権威から解放されて自由であり、また、それぞれの言論の行きかう場が自由な表現と伝達を保障する場である、という二重の条件のもとではじめて、近代的な思考と知の競いあいと交流がなりたつとすれば、近代的な知と思考にとって、個の自由と自立は、その存立のためのほとんど絶対的な条件だということができる。封建的な制度や権力や権威の解体期に、社会的中間層のなかから自由な知識人がうまれ、その言論が思想の自由市場でたがいの優劣を競いあうに至ったとき、個の自由と自立を価値あるものとする思想は、いわば、時代の動きそのものが欲求する思想だったのである。

とはいえ、近代という時代と個の自由と自立という近代思想とのあいだには、時代から思想へという一方向の働きかけしかなかったわけではない。ひとたび個の自由と自立が価値あるものとして自覚されたあとでは、それを抑圧しようとするあらたな制度や権力や権威の登場にたいして、思想の側からの果敢にして執拗なたたかいが展開された。そのたたかいのなかで西洋近代思想は西洋近代社会のうちに確固たる社会思想として根づいたのであって、その意味では、個の自由と自立を価値あるものと見なして守りぬこうとする力が、西洋近代社会のありようを大きく決定したともいえるのである。

明治初期に、近代的知識人がうまれ、近代思想が受けいれられる社会的条件が整った、と丸山眞男はいう。社会のただなかから個の自由と自立を求める思想が芽生え、成長してきた西洋とはちがうが、ともかくも、個の独立自尊の主張を先進思想として受けいれようとするような社会へと時代が動いていった。その動きにうながされて、明六社をはじめとする知識人層があらわれた。西洋流の近代思想をいち早く学んだ近代的知識人として。が、『明六雑誌』の発刊された一八七四年（明治七年）の翌年には讒謗律、新聞紙条例が出て言論の取締りが強化され、同年の十一月に雑誌が廃刊に追いこまれる。好条件は長くはつづかなかった。

状況の変化は、輸入された近代思想の質と強度を問うことになる。個の主体性や言論・表現の自由を抑圧しようとする政治的圧力にたいして、知識人たちの近代思想はどこまでたたかうことができ、抵抗することができるのか、というかたちで。

個の自由と自立を核心とする近代思想は、当然にも、個に根ざした思想の自由と自立をめざすものとなる。封建的位階秩序の解体という好条件のもとに社会に浸透した近代思想は、それが思想として自立した形をとりはじめるや、社会状況とは相対的に独立したものとして、おのれの意義と価値を主張する。普遍的な理念として承認されることを求める。時代状況から相対的に独立した普遍的理念であるからこそ、個の自立や思想表現の自由を抑圧する状況下では、抵抗の思想となりうるのである。自由と自立を求めて生きることが、自由と自立を抑圧する状況にたいしておのずと抵抗の姿勢をとらせるのだ。それが思想を生きることであり、個人のものの考えかたや生きかたに思想が深く根づくということだ。

なぜ近代思想は根づかなかったか

幕末・維新期に輸入された近代思想は、少数の例外を除いて、知識人のうちにそんなふうに深くは根づかなかった。明治の知的エリートたちの、立身出世の意欲や上昇志向の強さは、個の自由や自立の思想の弱さと表裏をなす事柄だといってよい。西洋の文物や制度をつぎつぎととりいれるのが日本の近代化の基本方向だったが、個々人が自分の知と思考にもとづいてそれぞれにものごとを理解し、判断し、その理解と判断の交錯と交流のなかから社会秩序が組みあげられていく、という近代思想は、知識人のうちにも容易には根づかなかったのである。

根づかなかったのはなぜか。なにが足りなかったのか。

二つのことが考えられる。

一つには、精神の強さが足りなかった。個人における個の自由と自立の不十分さをいうのに、精神が強くなかったからだ、というのは、精神が弱かったから精神が弱かったのだというに等しい無内容な言となりかねないが、個の自由と自立を大切に思ったはずの知的エリートたちの多くが、それよりも官職だの、社会的地位だの、権勢だの、名誉だのを追いもとめるさまを見ると、精神の弱さといったことを考えざるをえない。みずから自由と自立の思想を生きることに自信と誇りをもてず、世間からえらい人と思われることに満足を見いだそうとする心のありかた。精神の弱さは、そのようにもいうことができる。明六社の同人のうち、独立自尊の立場をつらぬいた福沢諭吉と、政府の要職につき国家主義的な教育改革を推進した森有礼とをわかつものとして、精神の強弱といったことを考えざるをえないのである。西洋近代思想は、それ自体が人生観や世界観をふくむ総合的なものの見かたでありながら、たとえば江戸時代の有力な思想たる儒教などとはちがって、個人を超えた超越的な原理のもとに一切を包摂するのではなく、個が個としてあることを原理として、そこから出発する思想であるだけに、それを生き、それを生かすには、個人における精神の強さが必要不可欠の条件となる。幕末・維新の激動の十数年は、そうした精神の強さを用意するには、あまりにも短かすぎたといえるかもしれない。

個を原理とする近代思想が明治以降の日本の知識人のうちに根づきにくかった、もう一つの理由として、知識人の知と思考が民衆に近づくという方向性をもたなかったことがあげられる。明治以降の近代化が上からの近代化だったこともあって、近代的な知や思考は支配層と結びつきやすく、底辺の民衆の抵抗の思想として生きるのがむずかしかった。

この問題に関連して示唆に富む指摘が、丸山眞男の戦時期の論文「国民主義の『前期的』形成」にある。

外船渡来を契機とする幕府勢力の弛緩によって齎された国内的分裂と無政府的混乱を克服すべき政治力はついに庶民の間から成長しなかった。王政復古の政治的変革は……封建的支配層の自己分解の過程に於て、激派公卿・下級武士とたかだか庶民の上層部を主たる担い手として行われた。そうして幕府消滅の後にまず出現した政治形態は朝廷の下に於ける雄藩の連合であった。公議輿論思想〔これは近代思想の一種と見てよい〕の差当っての具体的結実はかくの如きものであった。……「仲介勢力」〔藩の封建支配層〕の排除が庶民層の能動的参与なしに、まさに「仲介勢力」を構成する分子によって遂行されたというところに近代的国民国家の形成のための維新諸変革を決定的に性格づける要因があった。（集二・267〜268）

維新変革の不十分さを変革の担い手の側から問題とした一節である。

ここから導かれるのは、変革を庶民層までとどかせるにはどうすればいいか、という課題である。

維新変革を担った主体たる激派公卿・下級武士・庶民上層部のあいだで、それが共通の課題として意識されていたかどうかは疑わしい。討幕維新から新政権確立に至る過程を見れば、討幕勢力の少なからぬ部分が、社会変革の徹底よりも、みずから権力の座につくことに執念を燃やしているように見えるからである。

個の自由と自立を求める啓蒙思想家や民権思想家にとっては、自分たちの奉じる自由と自立の思想が庶民層のなかでどう生きるかは、思想の死命を制する本質的な課題であるはずだ。民主の思想の根幹は民衆が主体となることなのだから。

が、維新変革の主体と同じ階層——つまり、激派公卿・下級武士・庶民上層部——からなる啓蒙思想家や民権思想家は、その社会的位置からして、庶民層に近づくことは容易ではなかったし、また時代の大変革をやや遠くのできごととして見ている庶民にとって、舶来の自由や民権の思想は近づきやすいものではなかった。距離をちぢめるには、舶来の思想と庶民の生活の落差を自覚した知識人が、落差を埋める方向にむかって思想を生かす道を模索し、みずから庶民の生活と接するなかで自由と自立の思想を生きなければならなかったろうが、舶来の制度や技術や知識が、そして舶来の思想も、上からの近代化の有力な武器として利用されるような時代には、知識人が明確な自覚をもって庶民に近づくのは、ことのほかむずかしかった。「中間層にとって公的および私的な官僚的編成のなかに系列化される牽引力の方が、『社会』を代表して権力に対する距離を保持しつづける力より、はるかに上廻った」という事態は、知識人の脆弱さを語るものであると同時に、上からの近代化の勢いの大きさを示すものであることを否定はできない。

だからこそ、いっそう自覚的に、また倫理的に、知識人たちは庶民層との交流を模索しなければならなかったが、自由民権運動の高まりのなかで、反権力へと傾斜していく一部の庶民とのあいだに一時的な交流はうまれたものの、日常の場での庶民層との交流はほとんど模索されることがなく、知識人たちは、自由と民権の思想性をつらぬくことよりも、官民の要職について舶来の知識や技術を生かすことに生きがいを見いだすことになった。

文学の非政治性

上からの近代化の流れに乗るそうした身の処しかたは、それ自体が上からの近代化を強化するものであって、そのもとでは個の自由と自立を原理とする近代思想は埋もれるほかなかった。

埋もれないためには、要職を拒否するか、要職にあっておのれの地位と思想性との矛盾にめざめているかでなければならなかった。

後者の例としては、田中正造や尾崎行雄などをあげることができようが、いまはそこには立ちいらない。とりあげたいのは、要職につかない、あるいは、要職につけない知識人の一類型たる、日本近代の文学者のありようである。

日本の近代にあって、文学は長く「男子一生の事業」ではなかった。立身出世の意欲が社会全体に広がる明治・大正・昭和の社会にあって、小説家や詩人になることは立身出世の道ではなかった。文学にたずさわるのは、多くは、官界や民間企業から脱落したものや、故郷を追われたもの、政治活動に挫折したもの、などであった。

そういう社会の落伍者が、西洋の文学理念と文学作品を手本としつつ、社会のありかたや個人の生きかたを探究し模索する場として文学はあった。

西洋では、詩や小説が芸術活動としてきちんと社会的評価を受けていたから、社会的な落伍者が文学者になるというのが通例となることはなかった。が、その一方、近代文学の理念は、文学者個人の自由で自立した表現に価値を置く点で、近代思想を踏まえてなりたつものだったから、社会の落伍者を文学の世界から排除するようなことはまったくなかった。むしろ、社会の落伍者が周囲の冷たい目にさらされて孤独な自己に行きあたり、そこから、社会の通念や常識を超えた個としての生きかたを模索する方向へとむかうのは、近代文学の理念によくかなう自我の動きだった。日本において社会の落伍者として文学に志す知識人たちに、近代文学と個のありかたとのそうした関係は陰に陽に意識されていたはずで、文学に自己救済の道を求める文学者はけっして少なくなかったのである。社会からの落伍者の位置で、落伍者の自覚を保持しつつ書かれた文学が、西洋のリアリズム文学のような、社会のなかでさまざまな個人がぶつかりあい、そこに成功もあれば失敗もあり、栄光も悲惨も、偉大も卑小もあって、それらをふくみこんで一つの世界がなりたつ、といった形をとるのはむずかしい。社会の日陰に、あるいは片隅に、癒やしがたい傷をかかえて生きる個人が、社会的な認知や充実感は期待できないのを承知の上で、おのれに忠実に生きようとする。それが、日本の近代文学にあらわれる典型的な人間像だった。

庶民ではないが、庶民と同じ苦境を生きざるをえない落魄の文学者が、しかもなお、個としての自由や自立を知的に追いもとめようとすれば、そうした人物像の造型に心をくだくのは十分にありうる選択だった。そこには、上からの近代化の流れに乗ることによっておのれの自由と自立心を失った、上昇志向型の知識人にたいする抵抗意識を見てとることができる。中間層に位置する知識人の多くが政治的・社会的な体制にからめとられていくなかで、その体制から外れたところで、体制的なものとはちがう価値や生きかたを求める日本の近代文学は、精神面の近代化がきわめて困難な明治以降の日本社会にあって、個人が近代的な知を生きる、精神の一つのすがたを示しているといえるのだ。

こうした日本の近代文学にたいして、しかし、丸山眞男の評価はけっして高くはない。

思想史家ないし政治思想史家をもって任ずる丸山眞男は、文学論に手を染めることは少なく、個人的なつきあいのあった埴谷雄高、武田泰淳、木下順二についてはともかく、作家論や作品論はほとんどないといっていい。が、近代文学の特質を思想史的に問題とすることはあって、そのときは、きまって日本文学の否定面に強い光が当てられる。丸山眞男が一貫して否定の対象にすえたのは、日本文学の非政治性あるいは反政治性であった。死の数ヵ月前に書かれた矢野龍溪を解説した文の、末尾の一節を引く。

近代文学の全般にわたってその芸術性の測定基準として文壇で通用しているのは、文学の文学としてのアクチュアリティから、日本の、あるいは世界の政治社会の「現実」問題を除外する考え方であり、政治的、社会的な評価を作品の前面に押し出すことは「実利主義」あるいは勧善懲悪観の一変種であって、それ自体が文学の自律性にたいする「外からの」阻害要因とみなす傾向が、文学評価の底流に脈々と流れて来たことは否むべくもなかろう。一言にしていえば、坪内逍遥の流れを汲む「写実」のモメントも、また北村透谷を代表とする「内面的自我の追求」のモメントも……両者ともに、非政治性あるいは反政治性という性格を帯び、文学対政治というアンチテーゼの立て方が、さまざまの異なった、むしろ対立する文学者の間にも共通するいわば当然の前提となったわけである。

「写実」のリアリズムが私小説の狭隘さに局限され、内面的自我の掘り下げが政治的＝社会的な「挫折」という代償を払って追求されて来たところに、どれほど深い近代日本の運命的悲劇が内包されていることか。人間のトータルな表現としての文学がつねに政治の反措定として位置づけられているかぎり、政治行動を人間活動のごく普通な、しかしあくまで部分的な領域と考える習慣が根付くことは容易に期待されない。したがって、反政治主義は時あってか全政治主義として氾濫する。この悪循環の打破がわれわれの思考の政治的成熟のために欠かすことのできない大前提である。（集十五・352）

坪内逍遥と北村透谷を二つの極にすえて、日本近代文学の特質をあざやかに浮かびあがらせた文章だと思う。一般論のつねで、これが日本の近代文学の特質だ、といわれると、その網にかからない作家や作品をすぐにもちだしたくなるが、西洋の近代文学との比較でいえば、引用文における特質の提示は、なるほどと思わせるものがある。日本の近代文学はまちがいなく非政治的あるいは反政治的な表現であり、読者も政治性を求めて文学にむかったのではなかった。が、非政治的あるいは反政治的であるのは、文学の欠陥なのであろうか。

写実が私事の写実をもっぱらとし、社会や政治と正面から対峙することのない私小説にむかったこと、そして、政治的・社会的な挫折を経て掘りさげられた内面的自我が、ふたたび政治や社会にむかっておのれを主張することがなかったこと、それは、日本の近代社会が文学に強いた、ほとんど必然のありようというべきものだったが、その必然を甘受しつつ、非政治的あるいは反政治的に表現を磨《と》ぎすましていくことは、文学的によしとはされないことであろうか。政治がどうしようもなく遠い世界としてあるときにも、文学は政治に積極的にかかわらねばならないのだろうか。かかわらないのを旨とする反政治主義は、いつかはかならず全政治主義に反転するのだろうか。

わたしは、文学が非政治あるいは反政治であってなんの差しつかえもない、と考える。むろん、容政治であっても政治好きであっても、なんの差しつかえもない。そして、反政治が全政治に反転するのは、その反政治が中途半端な反政治だったからだと考える。「時あってか全政治主義として氾濫する」というときの「時」は、たぶん日本文学報国会の活動などがあった太平洋戦争下をさすだろうが、その政治の季節にも永井荷風、金子光晴など反政治に徹した文学者はいたのである。この二人は、ファシズム国家の解体した戦後の解放気分のなかでも、政治にかかわろうとはしなかったのであって、その反政治は、くもらぬ知性に支えられた気骨のある生きかただった。

永井荷風や金子光晴は例外だが、反政治をつらぬけなかった多数派についてみても、社会からの脱落に打ちのめされることなく、追いつめられた自己と自分のまわりの狭い世界のうちに新しい意味を見いだそうとするその文学的姿勢は、近代社会を生きる生きかたとして、けっして否定さるべきものではない。日本文学報国会の成立と多数の作家のそこへの参加は悲しむべき事実だが、それをもって、それ以前の反政治の文学と文学者を否定しさることはできないのだ。

いや、もう少し強くいうべきかもしれない。上からの近代化が強力に推し進められる日本の社会では、政治にかかわろうとする知識人が、体制的であれ反体制的であれ、権力機構や政治組織や社会集団のなかでの自分の位置を意識するあまり、主体的な知と思考を失いがちであることからすれば、庶民に近い境遇にあって、上層の権力や組織とのかかわりを断ち、自己とその小世界を見つめるという文学的な営みは、知的にすぐれた生きかたである、と。そういう生きかたへの共感が人びとのあいだにあるからこそ、非政治的ないし反政治的な近代文学が、いまなお読みつがれているのではなかろうか。

そういう生きかたに丸山眞男が共感できなかったのは、近代社会においてはすべての市民が、とりわけ知識人は、政治にたいして一定程度の関心をもちつづけるべきだ、という政治理念のゆえであった。その政治理念の健全さは疑うべくもない。健全な市民社会であれば、ごく普通の市民が日常の暮らしのなかで自然に政治にふれ、それぞれがそれぞれの政治的意見をもち、それを表明もし、たがいに批判もしあうことであろう。

が、丸山眞男がくりかえし指摘するように、明治以降の日本の近代化はそういう健全な市民社会をもたらさなかった。戦前・戦中はいうまでもなく、戦後の民主化も、高度経済成長によるゆたかな消費社会、情報化社会の到来も、いまだ健全な市民社会をもたらすには至っていない。

そういう社会のなかでは、文学が非政治的あるいは反政治的であることはもちろん、市民が非政治的あるいは反政治的であることも許容さるべきだと思う。民衆が政治に積極的にかかわる道を閉ざされ、もっぱら権力による支配の対象と見なされる日本社会では、民衆と文学がともに非政治的あるいは反政治的であることによって結びつくことがめずらしくなかった。夢想による結びつき、官能による結びつき、情緒による結びつき、諧謔、嘲笑による結びつき、失意、絶望による結びつき、自我の苦悩による結びつき、……。いかなる結びつきであれ、文学が社会の落伍者の手になるものであったがゆえに、作者と読者とのあいだには対等な関係のごときものがなりたっていた。それが大切なところだ。知的エリートの発する思想のことばが、結局は上から下への支配と指導のことばと化すことが多かったなかで、近代文学は、戦争末期の一時期を除いて、支配と指導のことばとなることはなかった。そのかぎりで、個の自由と自立を求める近代精神は、さまざまにゆがめられながらも、文学のうちに生きつづけていたといってよい。

そのことと関連して、丸山眞男晩年の回想ふうの文章「わたしの中学時代と文学」に、おもしろい記述がある。

> 「文士」というものは忠良な帝国臣民にとっては、どこかいかがわしい存在であり、したがってその作品も、何かまともならぬ読みもののような通念があった。もっとも私が小・中学生であった大正末期から昭和はじめにかけての時代には、すでにそうした通念はかなりうすれていたが、それでもなお、中学生が小説に熱中するのは、一つには勉学の妨げとなり、二つには素行を乱すおそれがある、というのが一般の教師や父兄に流通している考え方であった。（集十五・235）

「勉学」に励む「素行」正しい「忠良な帝国臣民」は、おのれの確信にもとづいて自由で自立した生活を構築しようとする近代的な個人とは遠く隔たった存在である。そういう臣民から、「勉学の妨げとなり」「素行を乱すおそれがある」と疑いの目で見られた文士や文学作品のほうが、くらべていえば、はるかに近代的な個人であり、近代的な存在である。

非近代的な臣民が陽の当たる場所を闊歩し、まだしも近代的な文士や文学作品が、いかがわしい存在として日陰に追いやられる。そこには、日本の近代化の一面があざやかに映しだされているといわねばならない。

と同時に、「大正末期から昭和はじめにかけての時代には、すでにそうした通念はかなりうすれていた」ことにも注目せざるをえない。いかがわしい文士や小説がいかがわしくない存在になりつつあるのだ。それは支配層の意図に発することではあるまい。いかがわしい作品を作りだす文士といかがわしい作品を愛読する読者との、目に見えぬ交流の広がりと力強さが、いかがわしい小説を社会公共の場へと押しだしつつあったのだ。そこには、上からの近代化とはちがう力の動きを見てとることができる。その力の動きは、軍国ファシズム体制下ではさすがに後退を余儀なくされたものの、戦後の民主化の過程では、目に見えて大きなうねりとなり、小説をいかがわしく思う通念は、いまやまったく過去のものとなっている。支配や指導とは無縁の、庶民層に広がる漠たる自由への願いが、社会的な良識や道徳観を変えていく、といったその動きのうちに、精神面での日本の近代化の、けっして小さくはない前進を読みとることができると思う。

第四章　日本政治思想史

政治思想史の「原型」

丸山眞男は、日本の学者としては問題関心が広く、著作の主題も多岐にわたるが、研究の主体は日本の政治思想史にあった。単行本としてはじめて世に出たのが『日本政治思想史研究』だったし、東大法学部での講義をまとめた『丸山眞男講義録』は、全七冊中の六冊までが「日本政治思想史」と副題を付されている。思想家あるいは政治思想家と呼ばれるのを嫌い、自分は政治思想史家なのだ、というのが丸山眞男の口癖だった。

それを、たんなる謙遜の言ととるのは当たらない。政治思想史を通して政治思想の本質にせまるのだ。口癖にはそういう自負もこめられていた。

「日本政治思想史」の副題をもつ六冊の『丸山眞男講義録』をながめわたすと、とりあげられる順番は後になり先になりしながら、総体としては日本の古代から明治中期までのおもだった政治思想が、一つの流れをなすものとして論じられている。一冊に一年分の講義が収録されるが、どの一冊をとってもいまいう古代から明治中期までがまるごとおさまることはなく、六冊とも流れの一部をあつかうだけだが、それを全体として見ると、重複や修正やあらたな展開をふくみつつ、通史的な講義がめざされていたのがわかる。

もっとも、丸山眞男は、若いころから日本政治思想史の全体に満遍なく興味をいだいていたわけではない。戦時中発表の三本の論文をまとめた『日本政治思想史研究』は、江戸時代のはじめから明治初期に至るまでの政治思想史をあつかうにすぎないし、一九四八年から四九年にかけての東大法学部での日本政治思想史の講義（『丸山眞男講義録』第一冊、第二冊）も、同じく江戸時代のはじめから、時期がちょっとのびて、明治中期の自由民権思想までをあつかうにすぎない。若き丸山眞男にとって、日本政治思想史とはまずもって江戸から明治にかけての政治思想史だったのだ。

その枠を超えて、古代から近代に至るまでの政治思想史を全体として視野におさめた研究がはじめて明確にすがたをあらわすのは、一九五六年の講義においてである。この年度の講義は『丸山眞男講義録』にはふくまれないから、くわしい内容はわからないが、章立てが「1神国思想の端緒的形態、2鎮護国家と末法思想、3武士階級の意思（観念）形態、4徳川封建制と儒教思想、5町人道と心学の発展、6国家の思想的特質」（講義録七・viii）となっていることからして、近世・近代に限定されていた丸山眞男の思想史研究が、一挙に古代までさかのぼり、そこから時代を追って思想の興亡や盛衰や転変を記述するものになっていったことがうかがわれる。通史としてまとまりをなす、一九六四年から一九六七年にかけての四冊の『丸山眞男講義録』も、時代を追って政治思想の推移を語るという方法に変わりはない。

で、この章でのわたしの記述も、まず丸山眞男の近世政治思想史を問題とし、ついで、古代から中世末までの政治思想史の展開を、「原型」論ないし「古層」論に重点を置いて見ていきたい。

儒教のオプティミズム

若いころから研究の主題となっていた近世政治思想史は、くりかえし論じなおされ、語りなおされている。公刊された著作と講義録についてみると、大きく三回の論の推移を確認できる。一回目が『日本政治思想史研究』におさめられた戦中の論稿、二回目が『丸山眞男講義録〔第一冊〕』に収録された一九四八年の講義、三回目が『同〔第六冊〕』『同〔第七冊〕』に収録された一九六六―六七年の講義だ。三つを比較すると、当然ながら、不変の部分と変化する部分とがある。ここでは不変の部分を土台にすえつつ、変化の大筋にもふれることにしたい。

近世政治思想史の機軸をなすのは儒教である。儒教の内部での、あるいは、儒教をめぐる、思想の変遷が、近世政治思想史の主流をなす。そう丸山眞男は考える。

日本思想史においてある時代の思想を〝教義史〟的方法でともかく描きうるのは、江戸時代をおいてないといってよい。そこでは反儒教さえもが、儒教を正統として措定し、それに対するものとして自己を規定するということがはじめて見られた。一つの思想が圧倒的に他のイデオロギーに優越し、そのため他のイデオロギーはそれとの関係において語られるというのは、この時代だけである。（講義録六・191）

さて、江戸時代の正統イデオロギーとなった儒教の中心観念を、丸山眞男は、宇宙の理法と人間道徳が同じ原理でつらぬかれる「天人合一の思想」に見る。実体性と原理性が無媒介に結合されているのが儒教の特質なのだ、と。もう少し具体的にいうと、それはこういうことだ。

封建社会の基本的な社会関係を表象する「五倫」、及びその根本規範としての「五常」は、一方では、宇宙的秩序を支配する自然法則に連続し、他方では、人間の先天的な本性に根拠づけられている。ここでは、個人＝社会＝自然の三者が三位一体をなし、一本の「太い糸」によって貫かれている。（講義録一・92）

が、この三位一体は三つのものが同位同格で並びたつ三位一体ではない。自然が、個人や社会にたいして、その下位に置かれるような三位一体である。それを、朱子学の根本観念たる「理」に即して説明すると、こうなる。

それ〔理〕は事物に内在しその動静変合の「原理」をなすという意味では自然法則であるが本然の性として人間に内在せしめられるときはむしろ人間行為のまさに則るべき規範である。換言すれば朱子学の理は物理であると同時に道理であり、自然であると同時に当然である。そこに於ては自然法則は道徳規範と連続している。……ここで注意すべきはこの連続は対等的な連続ではなく従属的なそれであることだ。物理は道理に対し、自然法則は道徳規範に対し全く従属してその対等性が承認されていない。（集一・148）

道徳が自然に優位する、優位しなければならぬ、という点を強調すれば、自然的な欲望を抑圧して道徳的な徳目を励行することが求められるが、とはいえ、道徳と自然が連続することが朱子学の原理なのだから、自然が徹底的な排除や否定の対象となることはない。むしろ、道徳の優位が承認されさえすれば、自然は道徳の支配をおのずと受けいれるものとして肯定される。天をも人をも、個人をも社会をも自然をも、人間をも事物をも同じ原理がつらぬくと考える「天人合一の思想」は、その根本において、オプティミズムの思想なのだ。そして、このオプティミズムこそ、儒教を江戸の幕藩体制の正統イデオロギーたらしめた根本性格にほかならない。

> われわれは厖大な朱子学体系を蒸溜してそこに、道学的合理主義、リゴリズムを内包せる自然主義、連続的思惟、静的＝観照的傾向という如き諸特性を検出し、こうした諸特性を貫く性格としてオプティミズムを挙げた。そうしてかかる特性こそ朱子学が近世初期の思想界にかちえた独占的な地位をなによりよく説明する。けだしここに朱子学の性格とされた如きオプティミズムは安定せる社会に相応した精神態度《ガイステス・ハルトウンク》でありまた逆に社会の安定化へ機能する。疾風怒濤時代ともいうべき戦国状勢――あらゆる無統制と混乱が、しかし同時にあらゆる生活分野における活動と発展がそこに見られた――を一転して、漸く固定した秩序と人心の上に成立した近世封建社会において、こうした静的オプティミズムは普遍的な精神態度となるべき充分の素地があった。（集一・152）

「固定した秩序と人心の上に成立した近世封建社会」が土台としてあり、その上に「静的オプティミズム」を基調とする儒教がしっかりとすえられる。社会秩序の安定性・完結性・停滞性に見合う、思想としての安定性・完結性・静態性が儒教に備わっているというわけだ。それが、丸山眞男のとらえる、近世政治思想史の出発点におけるすがたである。

完結した固定的で静的な思想体系が、そのままで永遠につづくことはありえない。時代も変わるし、思想も変わる。その変わりかたが、戦中の論稿では、主として日本の代表的な儒学者および国学者の思想の変遷のうちに追跡される。固定的・静的な朱子学の体系がいかにして解体していくのか、という形で。時代の変化よりも、思想の、観念の、変化にずっと重きを置くのが、戦中の近世政治思想史である。ここでは、丸山眞男の対象とする数ある思想家のなかから、儒教解体のさまをもっともあざやかに象徴する人物として、荻生徂徠と本居宣長の二人をとりあげる。

秩序の制作者としての聖人

荻生徂徠の革新性は、公的な領域と私的な領域との截然たる区別、および、主体的で自由な人格（聖人）の定立、の二点にあるとされる。

まず、第一点。公と私が連続するオプティミズムにたいして、徂徠は公と私を明確に区別し、一方が他方にずるずると入りこむのを拒否する。たとえば、赤穂義士をどう処分すべきか、という問題にたいする徂徠の回答のうちに、公と私の区別の思想が強く打ちだされる。赤穂義士の主君への忠義は「私」の論として見れば立派だが、公儀の許可なしに仇討ちを企てたことは法を犯すものであって、義士には切腹を命ずるのがふさわしい。それが徂徠の回答だった。丸山眞男はいう。

ここでは、徂徠が一方、浪士の行動を「義」として充分是認しながらも——この点で彼は討首《うちくび》のごとき極刑には反対した——その是認をあくまで「私の論」として私的領域に局限し、私論が公論を害することを、換言すれば個人道徳を政治的決定にまで拡張することを断平として否認した彼の立場——そこに窺われる徂徠の精神態度《ガイステス・ハルトウンク》にもっぱら注目すれば足りる……。（集一・197）

この区別は、私的領域の道徳からの解放という点にまで推し進められる。

道は絶対であるからこうした公私の分岐はあくまで「道の裂けしのみ」ではあるが、それにも拘らず、治国平天下を本質とする道が直接には「衆の同共する」公的な領域に属する事は明白である。……先王の道はなによりも外在的、対社会的なものである。それならば、徂徠学において「君子と雖も豈私なからんや」といわれる私的領域の主要部分を占めるものは何か。ここにいう「慎独」とか、前に挙げた「私の義理」などがそれに属することはいう迄もない。しかし、こうした個人道徳は彼において殆んど論ぜられていない。……道の外在化によって一応ブランクとなった個人的＝内面的領域を奔流の様に満すものは、朱子学の道学的合理主義によって抑圧された人間の自然的性情より外のものではありえない。かくて徂徠学における公私の分裂が日本儒教思想史の上にもつ意味はいまや漸く明かとなった。われわれがこれまで辿って来た規範と自然の連続的構成の分解過程は、徂徠学に至って規範(道)の公的＝政治的なものへまでの昇華によって、私的＝内面的生活の一切のリゴリズムよりの解放となって現われたのである。

(集一・228～229)

ここから、私的＝内面的な営みたる文芸が非倫理化され、非政治化されるまではあと一歩といってよく、その先に国学の登場が待たれるが、話を急ぐまい。荻生徂徠の革新性としてあげた第二点——主体的で自由な人格(聖人)の定立——を見ておくのが順序である。儒教の天人合一の思想にあっては、人事をも自然をもつらぬく秩序(＝道)が絶対的なものと考えられるから、個々の個人はこの秩序に組みこまれ、この秩序にしたがって受動的に生きる存在とならざるをえない。個人の主体性や自由は、その存在も価値も認められないか、極度に制限されてあらわれるしかない。

宇宙的秩序は「陰陽」の運動として説明される。しかしこの運動はどこまでも完結的な円環的な運動であって、完結性を破る直接的なそれではない。秩序性ということがその中心観念となる。だから究極に於てそれは変化の原理ではなくて、循環・反復の原理であり、それによって基礎づけられる社会秩序もその循環性——再生産性——に於て永遠化されるのである。（講義録一・91）

こうした朱子学の秩序観にたいして、徂徠は、秩序の上に、秩序の制作者としての聖人を置く。秩序は永遠・絶対の秩序としてあるのではなく、聖人のうみだしたものなのだ。そう考えるところに、従来のあらゆる儒教思想を超えでた徂徠学の新しさがある。

天地自然に存在する先験的な「理」に道の本質を求める朱子学的な論理と、先王（聖人に同じ）という実在的人格が原初的にいわば「無」から道を作為したとなす徂徠学的なそれとが、同じ儒教の名を冠しながらいかに根本的に対立する思惟方法の上に立っているか……。それは畢竟《ひっきょう》するにイデーがペルゾーンに対して先行し、ペルゾーンはそのイデーを体現したものか、それともペルゾーンが現実在として存し、イデーはペルゾー

ンによってはじめて実在性を与えられるものか、という哲学上の根本問題に連なる対立なのである。（集二・26〜27）

秩序に内在し、秩序を前提していた人間に逆に秩序に対する主体性を与えるためには、まずあらゆる非人格的なイデーの優位を排除し、一切の価値判断から自由な人格、彼の現実在そのものが窮極の根拠でありそれ以上の価値的遡及を許さざる如き人格、を思惟の出発点に置かねばならぬ。（集二・47）

二つ目の引用に、丸山眞男の価値意識がおのずと表出している。聖人の主体化は人間一般の主体化の端緒として意味があるのだ、という価値意識が。

庶民と聖人のあいだを見ずに

儒教的な秩序観のもとでは、人間は秩序に内在し、秩序にしたがって生きていく受身の存在でしかない。積極性が求められるとしても、秩序に自分を合わせる努力、といった積極性にすぎない。そうした秩序観は、丸山眞男の近代的な、あるいはリベラリストとしての、価値意識に合わない。丸山眞男の価値意識からすれば、個人は、秩序のなかに生きつつ、その秩序から距離を保ち、ときに秩序と対決し、秩序を変革し、新しい秩序を作りだすような、そういう主体的存在でなければならない。一つ目の引用のことばを借りていえば、イデーがペルゾーンを包摂するのではなく、ペルゾーンがイデーを相対化し、イデーを変革したり、新しいイデーを創出したりできるのでなければならない。

徂徠は、普通の人間が秩序やイデーに主体的にかかわりうると考えたのではなかった。旧来の秩序やイデーが現実に合わなくなる事態を前にして、制度的改革の必要性を痛感した徂徠が、その担い手として想定したのは、秩序の頂点に立つ君主だった。が、君主をも秩序に内在する受動的人格と見なす朱子学の秩序観では、君主とて秩序の改革者たりえない。となれば、改革を正当化するには、儒教思想を組みかえて、秩序を超越する人格を定立するしかない。そして、秩序を超越するほどに高貴な人格を求めるとなれば、倫理的に完全無欠の模範とされる聖人（先王）こそがもっともふさわしい。こうして、秩序を超えた主体的存在として聖人（先王）が定立されたのだった。

そうした聖人の主体化を、丸山眞男は人間一般の主体化への一歩として高く評価する。にわかに納得はできない評価である。

聖人を主体的存在ととらえることと、個々の人間を主体的存在ととらえることとのあいだには、あえていえば千里の径庭がある。聖人はもともと特別の存在であって、それを秩序の上に立つ、秩序の制作者とすることは、聖人をさらに特別化することでもあって、それは聖人と個々の人間(庶民)とをいっそう遠ざけることにもなりかねない。聖人と主君とは社会構造的に似通った位置にあるから、聖人の主体化が主君の主体化をうながすのは見やすい道理だが、主君の主体化と庶民の主体化とを同じ道理で割り切ることはできない。聖人と庶民、主君と庶民とのあいだには支配と被支配との関係が厳然とあって、その関係の変革の可能性があたえられないかぎり、庶民の主体化の道は開かれはしないのだ。というか、支配と被支配の関係を変革するということが、庶民が主体化するということなのだ。聖人を秩序の主体的制作者ととらえることは、支配と被支配の社会関係を変革する方向性をもっているといえるのか。

江戸の幕藩体制を前提に政治のありさまを考えた徂徠自身に関係変革の方向性を求めるのは無理な話だし、論理そのものとして見ても、聖人や主君の主体化が庶民の主体化を呼びだすとは考えにくい。思想史上、封建的な支配体制を批判し、庶民の主体性へと思いがおよんだ思想家としては、荻生徂徠に近接する人として安藤昌益を、時代がへだたって福沢諭吉を、あげることができるが、この二人は、いずれも、荻生徂徠の延長線上にあるというより、その聖人思想や儒教思想を明確に否定することによって諸個人の自由と平等の理念に行きついたのである。

本居宣長の方法意識

それにたいして、徂徠と対立しつつも、その精神を継承する面も少なくなかった本居宣長は、儒教的な秩序が永遠不変のものか、聖人の制作したものか、といったことにはまったく興味を示さず、徂徠が公的な政治の世界から峻別した私の世界のうちに、みずからの思想的探究と表現の場を見いだした。幕藩体制という公的秩序が厳然として存在する時代にあっては、それはいかにも自然な思想の流れだった。公的な論理を排除するところになりたつのが、宣長の国学だった。

朱子学においては、治国平天下は徳行に、徳行は更に窮理に還元せしめられた。こうした「合理主義」の解体によって政治は漸次個人道徳より独自化し、徂徠学に至って儒教は完全に政治化された。しかるに規範の政治的なるものへの昇華は他面、人間内面性の解放となり、その自由な展開への道をひらいた。国学はまさにこの後を承けて、一切の儒教的作為の否定者として登場し、徂徠学において私的領域としていわば消極的な自由を享受していた内面的心情そのものに己が本来の栖家《すみか》を見出したのである。かくて国学は徂徠学の公的な側面を全く排しつつ、その私的、非政治的なそれを概ね継承するこ

となった。（集一・293）

公私の別でいえば、源氏物語の本質を「もののあはれ」に見る文学論も、『古事記伝』に結晶する古代学も、公的秩序の規制を脱した私的領域での、芸術的ないし学問的研鑽であった。儒教思想が全宇宙をつらぬく道理を強調・唱導することによって、社会秩序の安定を図る政治思想だとすれば、文学論と古代学を骨子とする宣長の国学は、道理の支配のおよばぬ領域に、道理とは異質な原理を見いだすことによって道理の全一支配をくつがえそうとする、反政治ないし非政治の思想であった。

宣長に至っては、自然的心情に対する一切の（内的及び外的）規制が斥けられ、環境からの刺激に応じて不断に流動する人間感情にどこまでも忠実であろうとした。「事しあればうれし悲しと時々に動く心ぞ人の真心」「うごくこそ人の真心うごかずといひてほこらふ人は岩木か」。……

宣長はこのような自然に流動する心、換言すれば物に触れて感動する精神をば「もののあはれ」と呼んだ。もののあはれは人間の魂の最も純粋な姿態であるが故に、人間をその如実の相に於て把えんとする文学にとって最高の価値規準でなければならぬ。かくて宣長は文学芸術の領域にこれと異った規準、とくに道徳的なそれを導入することを激しく拒否したのである。

（講義録一・212〜213）

丸山眞男自身もいうように、社会秩序からも政治からも道徳からも自立した文学芸術の領域を確保し、そこに「もののあはれ」という独自の規準を設定するという文学意識ないし芸術意識は、まぎれもなく近代的な意識と呼ぶことができる。古典への親炙を通じてその文学意識を獲得し、それを持続しえた本居宣長は、近世の思想家のなかでもとりわけ近代的な思考の人に思える。もののあはれをいう本居宣長のうちには、近代的な自我の存在をうかがうことができる。

同じ近代性が、宣長の学問的な方法意識のうちにもっと色濃くあらわれている。

儒教においては「道」は修身斉家のためであれ、治国平天下のためであれ、本来的に人倫を正し秩序化するという実践的目的に従属しており、そのかぎりで学問は「道学」＝倫理学としても「政治学」としても、「イデオロギー」に吸収される。……これにたいして国学運動が儒教や仏教を「からごころ」として排したのは、たんに外来イデオロギーにたいして、日本主義のイデオロギーを対置させただけではない。……それはおよそ是非善悪の先験的な価値判断をふくんだ「教え」doctrine、経験的検証を必要としない真理の自明性……を、一切「学問」の領域から放逐し、一つには感覚を通じて確かめられる対象についての直接的知識と、もう一つは、古代言語の研究と文献学の追体験方法により獲得される歴史的知識にだけ、確実な学問的認識を限局しようとする試みであった。（講義録七・302〜303）

この学問的方法意識が三十五年にわたる古事記研究をつらぬき、前人未到の名著『古事記伝』をうむさまは、近世学問史上の偉観だが、その宣長にして、その政治思想たるや、同時代の封建思想を幾許《いくばく》も出るものではなかった。

ザイン〔存在〕の解剖に於て示された卓抜さは、一たびゾルレン〔当為〕の領域となると跡形もなく消え失せ、ありふれた儒教的政治論と殆ど変らぬ、奢りのいましめ、分限思想に基づく倹約のすすめ、百姓に対する仁政等々が説かれる。そのことは国学の最大の特質が、事物の内奥に迫り、その本質を直観的に把握する芸術的精神と、現実のアプリオリな解釈を斥け、どこまでも複合的な事象を実証的に理解しようとする帰納的態度とにあり、これに対して、政治原理という面では多分にオポチュニズムを内包していることの当然の結果であった。

（講義録一・221）

いまの批判は一九四八年の講義から引いたものだが、同じオポチュニズム批判が、十九年後の一九六七年の講義になると、宣長の政治思想が政治世界のどこに身を置いて構想されているか、という観点からなされる。

何よりも政治を一定のイデオロギー、教説による人民の道徳教育（indoctrination）と見たり、煩瑣な制度や礼＝行動規範の樹立による行動の統制と見たり、いわんや権力的強制を本質とするような政治観をすべて斥け、……人為と文明に「対立した」自然を政治のイデーとすることさえも「さかしら」のヴァリエーションと見た宣長にとって、政治の唯一の行動様式は、自然の感情から発した上なる権威への敬虔と「奉仕」であった。上なる権威への奉仕は、いいかえれば服従者の行動である。つまり、政治的なるものを服従者の立場と倫理にすべて還元するのが宣長の基本的な政治的思考態度である。

（講義録七・296）

宣長の文学意識や学問的方法意識は、右の政治的思考態度とはまったくちがう。それは、支配と服従の関係を前提とした上で服従者の立場に立つ、というものではまったくなかった。支配・服従の関係などはぬけだした、自由で自立した個が源氏物語や古事記に立ちむかい、おのれの感性と知性を解き放って思考を重ねる。それが宣長学の近代性であった。が、こと政治思想にかんしては、宣長はそういう近代的な自我として思考を重ねることができない。支配と服従の関係を超えられない。江戸の幕藩体制の拘束力と、江戸の正統イデオロギーたる儒教思想の呪縛力は、それほどまでに強大だったのである。

性急な町人文化批判

この拘束力と呪縛力の強さを支配階層（治者）と儒教思想との必然的な結合という観点から説明したのが、以下の引用である。観念の歴史としての思想史に、時代の社会的状況がたくみに織りこまれた見事な例の一つだ。

ここで注意すべきは、戦国時代において検地、刀狩等の過程を経て完成した兵農分離によって、武士が職業的官吏として、城下町に集中したという武士の存在形態の質的変化が、文治官僚的イデオロギーとしての儒教の登場を必要ならしめる客観的地盤をなしたことである。けだしいまや武士は、ちょうどシナの読書人と同じく、自らの生産的基礎をもたず、庶民の勤労の上に徒食する階級に転化したからして、戦争が終焉するかぎり、武士そのものの社会的存在根拠が失われたわけであり、それの新たなる根拠づけが切実に要請せられるに至る。その理由づけとしては、支配的立場に立つ知識人として民を教化するという点にしか求められない。教育が政治的支配と不可分にからみ合っている儒教思想はまさにその基礎づけにこの上なく適格である。民衆は元来、倫理外の存在であり、治者の徳による政治を通じてはじめて倫理的秩序＝社会的秩序のなかに組み入れられるというのが論語以来の儒教倫理の一貫した思想的前提である。一方の極における真理と道徳との集中、他方の極における無智と官能的欲望の蓄積、この両極の対立を前提として、はじめて、民に真理と道徳を上から教える治者の存在が合理化される。武士を文治官僚にする必要が存したというだけではなく、武士が文治官僚としてしか存在の理由のなくなったということが、封建支配者をして、否応なく、儒教のイデオロギー的役割に期待せざるをえざらしめたのである。

従ってそこでは政治は必ず道徳学問に連なり、道徳学問は必ず外からの、もしくは上からの教えという形態をとった。教学即ち教え―学びという関係が、治者―被治者の上下支配関係とのからみあいに於て存在することがそこでの基本的特質である。

（講義録一・78）

「文治官僚的イデオロギーとしての儒教」という切りこみがあざやかだ。二十一世紀を迎えた日本に、文治官僚となった武士も、それをイデオロギー的に支える儒教も、形の上ではもはや存在しないが、たとえば文部行政や、憂国の士然とした道徳教育の鼓吹や、教育現場たる学校やに、「支配的立場に立つ知識人として民を教化する」といったエリート意識や、「教え―学び」という関係が、治者―被治者の上下支配関係とのからみあいに於て存在する」といった前近代的状況が色濃く残ることは否定のしようがない。日本社会における近代意識の成熟のむずかしさを語る事実だ。丸山眞男の鋭くたしかな歴史眼が、いまにつらなる政治・社会の構造とイデオロギーのありさまをあざやかに剔抉《てっけつ》している。

同じ歴史眼が社会の下層にむけられたものとして、たとえば江戸の元禄文化の分析がある。以下、すぐ前の長い引用文と同じく一九四八年の講義録からの引用だが、戦中の論稿では荻生徂徠の思想的背景をなすものとしてごく簡単にふれられるだけだった元禄の社会と文化が、ここでは独立の一章を設けて論及されている。

　元禄町人の生活意識をまず特色づけるのは、……不羈奔放の快楽主義である。そうしてこの快楽主義の底には、禁欲を生活原理とする武士階級に対する捨鉢的な対抗意識が流れている。「利を知って義を知らず」として価値秩序の最下位を指定された彼らは、その秩序の承認の上に利を徹底的に追求することによって、そうした価値秩序の指定者を見返そうとする。しかもその見返しは表立った社会部面ではもとより可能でない。それが実現しうるのは、社会の正常《ノーマル》な価値意識からは排斥される裏の世界、すなわち言葉自体の示す如く「悪所」である。この世界では、まぎれもなく、町人は武士に優勝する。なによりもその金力によって。（講義録一・162）

町人の社会的位置とその意識とを相互に関係づけてとらえる、たしかな歴史眼がここにもある。が、そこからつぎのような評価にまで進むのはどうか。

その〔町人の〕規範意識が情を中核としていた限り、そこからは、社会的変革の意思は生れない。私生活を美的価値から規範化しようとする。不合理なまで！……

しかも、美的価値が私生活の唯一の規範原理となったことは、徳川時代に於ける庶民芸術の未曾有の興隆を結果したとはいえ、その美は畢竟、社会的理性的なものからの生活の人工的遮断に於て可能となった限り、そこには、はりと力強さをまったく欠いた、いわゆる繊弱美にほかならなかった。江戸町人芸術が日陰の芸術と呼ばれるのも、ゆえなしとしないのである。その伝統は、また脈々として今日の私小説にまで連なっている。

（講義録一・167）

元禄・享保期といえば、江戸時代の中期、丸山眞男自身、「徳川封建制の最盛期＝没落開始期」と規定する時代であって、社会的変革の可能性が信じられるような時代ではない。そして、可能性が信じられないところで、そこに生きる普通の人びとが「社会的変革の意思」などもつはずがない。情を中核とする規範にしたがって生きていたから「社会的変革の意思」がうまれなかったのではなく、変革の可能性がなかったから、変革の意思をもちようがなく、規範は情を中核とした美的なものにならざるをえなかったのだ。社会的変革の意思をもてば、町人として生きること自体がむずかしい時代だったのだ。

その美と芸術が「繊弱美」であり「日陰の芸術」であるとする批判にたいしても、同じことがいえる。時代の芸術が時代とともにある以上、江戸の町人芸術が繊弱美を追求し、日陰の芸術として生きつづけたことはほとんど必然的なことといってよく、健全さや強さを追求する日向の芸術は、とうてい大衆の支持を得られなかったであろう。健全さや強さや向日性は、求めうるとすれば、繊弱美や日陰の芸術の、まさにそのなかにさぐりあてるほかはないのだ。

ここに見られる、性急で外在的な町人文化批判は、前章のおわりで見た近代文学批判とともに、文学や芸術を政治思想史の脈絡のなかで見るという視点のとりかたと大いに関連する。が、ここでは問題点の指摘にとどめたい。

三つの「原型」論

以上、きわめて不十分ながら、丸山眞男の近世政治思想史の基本構想にふれ、問題点のいくつかを指摘した。以下、古代から中世末までの思想史に目を転じる。

時代の流れに沿っておもだった政治思想を見ていく前に、丸山眞男は日本の政治的思考様式の基本的な型を見さだめようとする。その型は、一九六〇年代の講義では「原型」と呼ばれ、七〇年代に入って「古層」と改称され、さらに「執拗低音（バッソ・オスティナート）」といいかえられるが、ここでは呼称にはこだわらない。『丸山眞男講義録〔第七冊〕』を主たる典拠として論を進めるから、そこでの呼称「原型」で押し通すこととする。

政治的思考様式の原型は、大きく三つの側面からとらえられる。倫理意識の原型、歴史意識の原型、政治意識の原型の三つである。この三つ、たがいの境界がはっきりせず、相互の関連性が体系的に整えられているとはいいにくく、便宜的区分たるをまぬがれないが、ここでは、とりあえずその区分にしたがって三つの基本的特徴を見ておく。

まず、倫理意識の原型。

自然の災害も人間の犯した罪も、ハラヒとキヨメの対象と考えるところに原型の特質がある。宗教初期の呪術的段階ではこうした考えは一般的に見られるが、やがて自然の災害と人間の罪悪は分離し、罪の意識は当人の人格的責任の追求、贖罪行為、刑罰、等々を呼びだしてくる。が、原型にあってはそういう罪の意識の展開が見られず、災害と罪悪が区別されつつも、両者はともにハラヒとキヨメによって洗いながされるものと観念される。その心事を、丸山眞男は、共同体的功利主義と心情の純粋性の結合という概念によって説明する。

記紀神話では、共同体の功利主義と心情の純粋性(きよき心)とが結合している。このため日本では、キヨキココロ、ウルハシキココロという絶対的基準が、共同体的功利主義の相対性と特別主義に制約されるので、共同体規範から、特定の共同体や具体的人間関係をこえた普遍的な倫理規範への昇華がはばまれることになる。　(講義録七・66)

あえて「功利主義」などという必要はなかろうと思う。利害得失の計算などはるかに超えたところで、なによりも共同体の一員として共同体にしたがって生きていくこと。それが個人にとって生きることそのことだ、という状況が、右のような倫理意識をうむのだ。倫理なるものを、共同体から自立した個の、その内面に根ざすものと考える立場からすれば、共同体にすっぽりと包まれたこの倫理意識は、倫理なき倫理意識とでもいうべきものだ。「心情の純粋性(きよき心)」は、個々の個人の内面に宿るしかないものだから、そのありさまをいうのに「倫理」なる語が選ばれたのだろうが、共同体の規範をそのまま受けいれ、共同体と利害をともにし、共同体のために生き共同体のために死ぬ個人の心情は、倫理意識とはいいがたく、むしろ、宗教意識に近い。丸山眞男のいう倫理意識の原型は、宗教意識から倫理意識が容易に分立しえない、そうした段階の思考様式を示唆している。

倫理意識が分立するには共同体の解体がほとんど必須の条件である。が、原型の表出を見た記紀神話以降、日本では、国家としての共同体も、その基礎をなす村落共同体も、倫理意識が分立するほどの徹底した解体を長く経験しなかった。ヨーロッパとの比較でいえば、ポリスという共同体が解体して法的人格が登場した古代ギリシャから古代ローマへの推移や、血みどろの内乱のなかで「万人の万人にたいする闘争」のイメージを現出させた十七世紀イギリスの経験は、日本の共同体と共同体員には、長く未知のものであった。

ホッブスの「自然状態」は、イギリスの内乱の理論化・抽象化である。そこでは内部の行動パターンの異質性が極度に進み、既成の制度、行動規範が破壊されつつある。……これにたいして日本では、「自然状態」をもたらすほどには個人＝集団成員の異質化が進んでおらず、既成の共同体的な行動パターンへの依存により生活してゆける。極限状況がないから、集団との相互依存関係があり、その上に乗って生活している面が強い。いざとなればそこへ逃避できるという保証を背景として、その上で相争ってきた(捨てる神あれば拾う神あり)。絶対的なアナーキー下における個人の絶対的孤立は想像しにくい。

(講義録七・30)

個人を包む共同体がこわされることなく持続しているとき、その共同体を広く包むものとして、丸山眞男はそう明言してはいないが、四季折々の変化のなかで人びとにゆたかな生活の糧を提供してくれる豊饒な自然があった。共同体も自然も、それなしで個人は生きてはいけないのだから、それに包まれて生きている個人をつかまえて、それによりかかって生きているとか、依存して生きているとかいう必要はないが、ホッブスのいう「自然状態」のような苛烈な共同体にたいして日本の共同体の安定感とおだやかさをいうのに「依存」という表現が選びとられたのだとすれば、共同体と同じく、日本の自然も、「依存」して生きていける自然だった。農民にとっても漁民にとっても、環境としての自然は、共同体にめぐみをあたえてくれるみのりゆたかな安定した存在であって、そのめぐみを享受して生きていくことが共同体生活の基本をなしていた。自然とのそうした交流のなかから、つぎにいう自然的生のオプティミズムも成立してきたと考えられる。

生成と生殖の讃美に基づく自然的生のオプティミズムは、生の死にたいする優越として現われている。ヨミノ国のイザナミの呪い(毎日一〇〇〇人殺す)にたいして、イザナギは毎日一五〇〇の産屋を立てるといって応酬する。出生数が死亡数を上まわることが自然的傾向性として肯定されるのであって、生の死への勝利も、生神と死神との、あるいは神と悪魔との二元的な闘争の結果としての生の勝利として描かれているのではない。生の死にたいする勝利は、……出生数が死亡数を上まわるという自然過程へのオプティミズムから出ている。(講義録七・71〜72)

「なりゆき」の歴史意識

このオプティミズムを時間の流れとして意識するとき、そこに、倫理意識の原型のつぎにくる、第二の、歴史意識があらわれる。その意味で、二つの原型は地つづきだといってよい。

生成と生殖は、自然的時間の流れにおいて起る出来事である。しかもそれが同一の流れのなかにある死滅に優位するということは、いいかえれば、自然的時間の流れ、その傾向性についてのオプティミズムがあるということになる。世界は、自然的時間の経過において万物が生成活動し、増殖する世界であり、その意味で世界は、永遠不変なものが有る（Sein）世界でも、滅びを運命とする虚無（Nichts）の世界でもなくて、まさに「成りゆく」（Werden）世界である。これが日本の歴史像の原型をなす。

……この自然的流れのなかに spirit——なりゆき作用を神格化したタマ——が内在していると観念されると、それがイキホヒとよばれる。勢いのよい人間とは、こうした生成する流れとしての「なりゆき」を人間のなかに内面化した表現である。勢いがよいというのは、その内部エネルギーの外へ向っての放出の大きさをいう。（講義録七・74～75）

勢いは人間のうちにも宿るものだが、もともとは自然の流れのうちに、あるいは、歴史の流れのうちに内在していたものだ。自然や歴史のうちにあるものが人間のうちにも発現するので、すると、勢いのある人間は、自然にふさわしく、時流に乗って生きる人間だ、ということになる。流れに乗って生きることで、勢いはいよいよ盛大となる。

歴史になりゆく勢いがあり、その勢いを体現して生きる生きかたこそがすぐれたものだと考える原型的思考を、丸山眞男は「なりゆきの現実主義」と名づける。なりゆきを見て、なりゆきに合わせて、動く。それなりに動きに力をこめて。それが「なりゆきの現実主義」である。

時間のとらえかた——歴史意識のありさま——としていえば、それは無限の過去から無限の未来にむかって直線的に時間が流れていると考えることであり、そのように流れる時間をそれとして受けいれ、流れに浮かぶその都度《つど》その都度《つど》のいまを、そうあるしかないものとして肯定するような、そういうものの考えかたである。不安や危機意識からは遠い、安定・安住・安心の意識である。

現在の瞬間は不断に次の瞬間に移行することで、過去にくり入れられるから、現在に永遠は宿らない。現在はうつろう世である。だから、一方では瞬間を瞬間として享受しながら、たえず次の瞬間を迎えいれる心の用意をしている。不断に推移転変する時間の流れに乗りながら、つねに現在の瞬間を肯定的に生きる。けれども、その瞬間は「永遠」から価値を与えられたものではないからして、生の意味の積極的肯定には必ずしもなら

（講義録七・84）

ない。

空間としての環境に生きる個人が、共同体と自然に包まれて生きていたように、時間としての環境に生きる個人も、過去から現在を経て未来へとむかう歴史に包まれて生きている。包まれて生きる以上、流れに沿って、流れにしたがって、流れに乗って生きるのが、自然な生きかたというものだ。一見能動的・自発的に思える「イキホヒ」が個人の内面に宿る場合でも、その「イキホヒ」は、個人を包む時の流れの「イキホヒ」をゆがめたり、せきとめたりする力となることはなく、あくまで時の流れに乗って力を発揮するものなのだ。

思考様式に「原型」はあるか

流れに乗って勢いの出てくる原型的思考の具体例として、丸山眞男は祖先崇拝の問題をとりあげる。

祖先を崇拝するという行為は、過去から現在へと流れる時の推移を血族のつながりとして確認し、あわせて、現在の家族共同体もしくは親族共同体の結束を固めるという役割をもつが、時の流れに乗って勢いを盛んにするという原型的思考のもとでは、祖先は、現在の共同体と共同体員に勢いを注ぎこんでくれる霊(タマ)として、崇拝の対象となる。家族や親族は、過去のどこかに固定された祖先を崇拝するのではなく、過去に存在しつつ、その勢いが現在に通じ、未来へと通じるような霊として祖先を崇拝する。以下の引用では、中国の祖先崇拝との比較を通じて、原型的な祖先崇拝の特質があきらかにされる。

　理念型として極端に対照させるのならば、中国の祖先崇拝は、子の父にたいする「孝」の義務が基本徳(cardinal virtue)であり、その祖先へ遡及として、本質的に過去へ志向し、かつ規範性を帯びるが、日本の「原型」においては、祖霊は子に宿って、未来へ向っての生成発展のエネルギーとなる。だから、血縁的系譜の連続性も、古きものの死から新しきものの生への流れを通じての継続であり、聖化された祖霊も、まさにこの世代の交替の際に、新たなる出発を祝福すべくよび出される。……こうした血縁的系譜の継承が祖霊を媒介とする新たな再生であるという観念が、まさに天皇即位の際のもっとも重大な儀式である大嘗祭《おおにへのまつり》の儀礼にも窺われる……。

(講義録七・87～89)

祖先とその一族とのあいだの、勢いの授受という形をとるつながりは、当然にも、地域の神――産土神《うぶすながみ》、鎮守の神――と地域の人びととのあいだにも存在したにちがいない。地域の人びとにとって神社におまいりすることは、土着の神の勢いがわが身に、あるいは、身近な人びとに宿りますように、という願いと密接に結びついていた。

その意味でも、このような信仰は、日本人のあいだにかつて広く見られたものだし、それに見合う歴史意識――時の流れを「なりゆく勢い」の流れと見る歴史意識――も、広く日本人の生活意識の下層をなしていたといっていいかもしれない。思えば、丸山眞男のいう歴史意識の原型や倫理意識の原型は、柳田国男のいう常民のものの見かたや考えかたに通じるものがあって、一方は、記紀の読解と日本思想史上の観念のつらなりのなかから、他方は、文字文化などとは縁の薄い庶民の日常の暮らしの民俗学的探究のなかから、日本人とはなにかに思いをいたし、時間的・空間的なつながりと広がりのなかで、歴史の流れにつきしたがい、共同体によりそい、自然によりそって生きる日本人像に行きあたっているのだ。二人の価値観からすると、柳田国男はその日本人像を肯定的に考え、丸山眞男は否定的に考える、というくっきりとした対照が見られるけれども。

ただ、観念の歴史から抽出された思考様式と庶民の日常の暮らしから浮かびあがる思考様式に類似性があるからといって、そこに日本人の思考様式の「原型」があるといいきることには疑問が残る。疑問の最たるものは、ここ数十年の歴史学の研究の発展が突きつけるものだ。柳田国男の常民も、丸山眞男の日本人も、島国に住む農耕民を基礎において考

と結論づける。

が、祭政分離をいうのが眼目ではない。政治意識の原型の要点はその先にある。政事が「まつること」として、つまり、「奉仕」「服従」として観念されることが肝要なのだ。

近代国家で政治といえば、少数の支配者が多数の被支配者の上に立って、これを支配し統治する行為をいうのが通例だ。政治家とは人びとの上に立って人びとを支配する人間のことだ。英語の"govern"(政治)はギリシャ語の"kubernao"(船を操縦する)を語源とするし、漢字の「政」は「正は征服、征は征取、政は支配することをいう」(白川静『字通』)のだから、古代日本語の「まつりごと」が「奉仕」や「服従」を原義とする、というのは異とするに足りる。

むろん、日本の古代国家に少数の支配者が多数の被支配者を支配する行為がなかったわけではない。行為を具体的に示す古語もいくつかあって、「はかる(議)」「とぐ(遂)」「ことむく(平定)」「なす(為)」「をさむ(治)」などが丸山眞男のあげる例だ。が、それらが政治そのものをあらわす語とはならないで、「まつりごと」たる政事については、

「政」は第一義的に、上なる政治的権威にたいする政事という職務の奉仕なのであり、

(講義録七・104)

といわれ、

「政」の観念は奏上や覆奏を伴うのを通常とするから、ヨリ上級の統治者を想定しており、政の内容は、国の平定、反逆者の討伐、外征等「上から下へ」の統治という方向性をもっていても、それは同時に「下から上へ」の奉仕という逆の方向性を随伴している……。（同右）

となる。

なぜそういうことになるのか。

理由を丸山眞男は日本の支配構造の特質から説明する。日本の政治にあっては、統治権の帰属者と実質的な権力行使者が分離し、——後年のわかりやすい表現を借りれば、正統性（legitimacy）の所在と政策決定（decision-making）の所在とが分離し、——一種の二重統治がおこなわれていたのだ、と。唐の律令制を大幅にとりいれた日本の律令国家に、唐にはない太政官という政策決定機関があることに着目して、丸山眞男は統治の二重性をあざやかに説明する。

中国の場合には皇帝が天下の大政を統べるという建て前が制度の上でも現われますから、「太政」に任ずる官制を設置する余地はありません。内閣制度でいえばいわば「内閣」にあたる統合機関がなくて、皇帝に直接行政各省が隷属します。しかも中国の三省というのは皇帝の諮問機関であって、決定機関ではありません。最高決定の所在はあくまで皇帝にあります。……ところが、大和朝廷の下に中央集権化を実行した日本の場合、まさに「太政」にあたる官を、天皇(皇室)と各省との間に介在させたところに正統性の源泉としての君主と、実質上の最高決定機関とを制度的にも分離するという一つの考え方が現われているわけです。大規模に唐制を模倣しただけに、この両者の相異の意味は大きいと思われます。(集十二・218〜219)

「まつりごと」が下から上への奉仕と観念されるには、正統性の所在(天皇)と政策決定の所在(太政官)とのあいだに明確な上下関係が設定されていなければならない。太政官が天皇に奉仕する(まつる)ものとして政治はある。太政官の政策決定者や政策実行者は、決定や実行ののちに天皇に「かへりごとまをす」(復命する)のであり、天皇はそれを「きこしめす」のである。

まつる神、まつられる神

では、上にあって「かへりごと」(復命)を「きこしめす」天皇の正統性はどこからくるのか。丸山眞男の原型論ではその点は明確に述べられないが、政策決定や政策実行は天皇の任ではないから、決定や実行の内容が天皇の正統性の根拠になることはありえないし、決定力や実行力が崇拝の対象となることもありえない。同様、徳や知性をもって天皇崇拝の対象とすることもない。

むしろ、天皇が個としておもてに出てこないところにその正統性の根拠があるのではないか。つまり、支配層をも被支配層をも包んであるような共同体、そして、その共同体を包むものとしてあるみのりゆたかな自然、そういう共同体と自然に近い存在として、天皇は奉仕の対象となりえたのではないか。共同体と自然に限りなく近い存在であることが、天皇の正統性の根拠となったのではないか。逆にいえば、天皇に奉仕することは、天皇個人に奉仕することではなく、共同体と自然に奉仕することに限りなく近いことではなかったのか。(「第二章　日本ファシズム論」で、天皇が人格的存在ではなく、一つの場、一つの空間・時間体として存在していたことが思いあわせられる。)

とすれば、天皇はみずから共同体と自然に近い存在であることを示さねばならない。それを示すのが、天皇みずから奉仕者として登場する、政事とは区別された、祭事ないし神事である。そこでまつられる（奉仕される）のは、共同体の神々であり、自然の神々である。

日本の祭祀の根幹をなすのが、天皇家であれ他の氏であれ、共同体の首長が、共同体のために、穀物の豊饒と共同体成員の増殖と繁栄とを祝福し、それに関係するさまざまの神々に祈る儀礼だった……。（講義録七・124〜125）

のだから。

このとき、まつる側の天皇は人びとの前に個として登場しているということができる。共同体の長として一定のことばを発し、一定の行為をとりおこなう存在なのだから。が、個としての明確な輪郭をもったこの存在は、個としての共同体員に対峙するのではない。共同体の首長なのだから、他の共同体員の上に立つのはたしかだが、個として登場したこの上位者は、上から共同体員を見おろすのではなく、共同体員とともに、自分よりさらに上に位置するものに対峙している。共同体の神々や自然の神々に。そして、まつられる側のこの神々は、さきにまつられる天皇がそうであったように、いや、それ以上に、個としてのすがたが不明確な存在である。

では、まつられる神々とは何か。祭儀の対象となった順序からいえば、第一次的には天つ神、国つ神であり、第二次的には祭主の祖霊である。そしてここで特徴的なことは、祭られる神の不特定性ということである。最初に祭儀の対象となった天神地祇に着目しても、それらは山の神、風の神等であり、人格神もあれば化生神もあり、甚だ多様である。また天皇家の氏神としての祖霊も特定ではない。……

『古事記』によれば、アマテラスの生みの親たるイザナギがイザナミと国生みを行うとき、最初の交接では思わしい子が生まれない。そこで二神は高天ケ原に戻り、天つ神のみことを請う。ここでそもそも天つ神が誰かが不明確である。……しかし天つ神が不特定なのはしばらく措くも、それでは天つ神こそ最高究極の神かといえば、否である。彼らは自らの判断によって神託を下すのではなく、太占《ふとまに》によって卜った結果を二神に「のる」にすぎない。こうしてまつる主体は特定しているが、まつられる客体は不特定であり、かつ無限に遡及してしまう。和辻哲郎の指摘した点であり、卓見である。

(講義録七・122〜123)

ヘーゲルなら、精神が自然から離脱できない低次の段階、というところだ。記紀にうかがわれる古代の政治意識が低次の精神段階にあるのは、異とするに足りない。異とすべきは、そうした原型が、中世から近世を経て、近代に至るまで陰に陽に持続しているかに思えることだ。それは原型論の範囲を超える問題だが、丸山眞男の原型論への関心は、日本における原型の異常なまでの持続性にたいする思想史家としての関心と切り離すことのできないものだった。

最後に、共同体と自然のうちに消えいるような正統者の存在と、実質的な政策決定者との分離が、政治的実権の下降化と身内化をうながす、という、日本の政治の特質を論じた一節を引いて、原型論についての記述をおわりたい。

あえて単純化すれば、正統性のレヴェルと決定のレヴェルとの分離という基本的パターンから、一方では実権の下降化傾向、他方では実権の身内《みうち》化傾向が派生的なパターンとして生まれ、それが、律令制の変質過程にも幕府政治の変質過程にも、くりかえし幾重にも再生産される……。

その際に大事なことは、権力が下降しても正統性のローカス〔所在〕は動かないということです。もちろん正統性自身のレヴェルは、視点によって幾重にも設定できます。日本全体として見れば、いかに実権が空虚化しても最高の正統性は皇室にありました。

今度は武家政治〔幕府政治〕をそれ自体一つの統治構造とみれば、正統性のローカスは将軍であることは終始変りません。正統性の所在が動かないままに、実権が一方で下降し、他方で「身内」化していくということです。日本史には「革命」がない、とよくいわれますが、「革命」を政治的正統性の変革と見るならば、たしかにそう言えます。逆説的に言えば、革命の不在の代役をつとめているのが、実質的決定者の不断の下降化傾向であります。（集十二・236）

正統性の所在と政策決定の所在が分離していることから、実権の下降化が生じるのはわかるが、実権の身内化が生じるのはなぜか、その理由は判然としない。が、いまは疑問を疑問として提出するにとどめる。

王法と仏法

以上、日本的思考様式の原型を倫理意識、歴史意識、政治意識の三面から一通り見てきたが、以下、時代の流れに沿って展開される日本政治思想の通史では、原型（あるいは古層、あるいは執拗低音）としてある思考様式を時代の思想がどこでどう突破し、どう新しい思考の世界と可能性を切りひらいたか、という観点が基軸となる。

たとえば、古代の思想表現として、聖徳太子の十七条憲法は格別に高い評価を受けるが、その理由はこうである。

十七条憲法においては、第一に、地上の権威が普遍的真理・規範に従属すべきであるという意識、第二に、自然的・直接的人間関係と公的な組織とを区別する意識、第三に、政策の決定および施行過程における普遍的な正義の理念の強調、という点において、「原型」から飛躍的に高度な政治理念へと到達した。(講義録四・163)

「普遍的真理・規範」「普遍的な正義の理念」といったことばが目を惹く。それは原型的思想のうちに求めて得られないものであり、それを求めつづけることが原型を超えるもっとも大きな力になると丸山眞男は考えた。律令制下の仏教が、十七条憲法とは反対に、思想史的に意味の小さいものとされるのも、そこに原型を超える普遍的な理念が見いだせないからであった。

全体として、律令制下の鎮護国家仏教は、これまで知られなかった一定の生活態度を打ち出していく力にはきわめて乏しかった。僧侶と寺院の政治権力との癒着や生活の俗化と対応して、俗人の信仰形態もまた、氏や家の安泰を通じて個人の幸福を求め、災厄から逃れるという現世福祉的な動機によって圧倒的に制約されていた限り、生活態度の内面的規制力としてはたらくよりはルーティン的な仏教儀礼への参与として現われ、しかもその儀礼自体が真言密教において極端に表現されたような、まじない秘法という低俗な形態において、原型的な呪術信仰と癒着するか、さもなくば、荘厳な伽藍、金色まばゆい仏像、鐘の音に交る朗々とした読経の響きの伝える審美的な感情を喚起し、それを媒介として〝法悦〟のエクスタシーを享受するという効果において受け入れられたのである。（講義録四・171）

十七条憲法も鎮護国家仏教も『丸山眞男講義録〔第四冊〕』では、「第四章　王法と仏法」であつかわれるが、題名は丸山眞男の問題意識をよくあらわしている。王法とは日本的思考様式の原型が国家制度として形を整えたもののことだが、それにたいして、原型とは異質な要素を多分にもつ仏法がどうかかわるのか。そういう問題意識が、飛鳥時代の十七条憲法や奈良時代の鎮護国家仏教のみならず、平安初期の天台思想（最澄）や真言思想（空海）、さらには平安後期の浄土信仰や末法思想を、理解し、意味づけ、評価する際に、一貫して持続されているのだ。

そうした問題意識は丸山眞男の（政治）思想史の方法そのものであるといってよい。関連して、思想史は「問題史」としてしかなりたたない、という丸山眞男の好むものいいが思いおこされる。「問題史」の内実は簡単に了解できるものではないが、すでにある世界や制度や生きかたをあるがままに受けいれるのではなく、そこに問題を感じ、問題に自覚的に立ちむかい、問題を理論的・実践的に掘りさげていくところに思想の本領があり、問題と格闘するそうした思想の興亡や転変を記述するのが思想史だ、という考えがそこに表明されているとは、いっていいと思う。

とすると、飛鳥時代から平安末に至る政治思想史が「王法と仏法」の名で一括され、そこであつかわれる思想がほとんど仏教思想に限られることは、日本古代において、現存の世界や制度や生きかたに問題を感じ、問題に立ちむかった思想は、仏教を措いてほかになかったということになる。

異論は当然起ころう。

漢文とはちがう和文を文字化しようと万葉仮名、平仮名、片仮名を案出し、漢字仮名混じり文を定着させていった言語思想。それと平行して共同体の思いや個のおもいを五・七・五・七・七の音数律に注ぎこんだ和歌や、上流階級の公的生活を大きな枠組としつつ、その奥にある私的な行動や心の動きを情趣ゆたかに表現する物語や随筆や日記の文学思想。政治的事件や寺社縁起に材をとりつつ、その裾野をなす庶民の日常生活をも生き生きと、ときには劇的に表現する大和絵の造形思想。もっと政治に近いところで、公地公民の制を掘りくずす土地私有や、律令政治を空洞化していく摂関政治や院政の思想と行動。あるいは、中央からの政治統制に反発する地方官や地方豪族の思想と行動。——そうしたもろもろが政治思想史上にそれなりの位置をあたえられてしかるべきだとの反論は、十分になりたつ。

仏教思想史を超える文学的・芸術的・政治的な視野を丸山眞男がもたなかったはずはないが、おそらくは時代状況と思想との格闘のさまを骨太の線で描きたかったのであろう、通史は仏教思想を唯一の軸としてたどられることになった。

そして、さきに十七条憲法と鎮護国家仏教について見たように、時代と歩調を合わせるのではなく、時代の制度や生きかたと鋭く対立し、時代の状況を超越する普遍性と理念性をもつ思想が価値あるものとして顕彰される。時代が下って、平安初期の最澄と空海の思想の評価にも、そうした姿勢ははっきりと見てとれる。

最澄の教義のもっとも大きな実践的特質は、……一切衆生悉有仏性に基づく円頓一乗戒を確立したことにある。普遍的な人間性の自覚を社会的に喚起するうえに、この教説が果した役割は少くなく、まさに教理のレヴェルで、それぞれ異った形態においてであるが、道元・日蓮・法然・親鸞らの新仏教によって発展的に継承されたのはまさに、このアスペクトであった。（講義録四・187）

高く評価される最澄とちがって、空海にたいしては点が辛い。

空海自身は、やはり伝統的な仏寺と僧侶のあり方にあきたりずに、求道を志して遍歴の旅に出た求道者であったし、彼の真言密教を頂点としてあらゆる経典を段階的に包摂し、位置づけた『十住心論』は教学史上の傑作たることは疑いない。しかし、彼の『十住心論』に見られる即身成仏の本覚思想（一切の衆生がそのままにおいて仏であるという、仏との神秘的合一を極端に突きつめた契機）と、彼自身の円満で一切抱擁的な性格は、……聖俗の緊張性をほとんど無制限にゆるめ、「一如」と「即」のカテゴリーで融合させる結果となった。

彼の開いた高野山は……山林修行にふさわしい地であったが、嵯峨天皇から賜った東寺は権力の中心京都にあり、これが根本道場となって、寺号も教王護国寺と改称された。ここを拠点としてさらに空海は宮中に真言院を置くことに成功し、毎年正月、宮中で天下安泰と天皇の身体の安穏を祈る修法が行われる例をひらいた。（講義録四・192）

平安期の仏教思想としては、このあとに厭離穢土《おんりえど》・欣求浄土《ごんぐじょうど》の浄土信仰と、古代世界の没落のなかで人びとをとらえた末法観と、それを歴史思想にまで高めた慈円の『愚管抄』が主題となるが、いまはそれにふれる余裕がない。興味のある読者には直接『丸山眞男講義録〔第四冊〕』に当たっていただくとして、ここではただちに鎌倉・室町期の中世政治思想史へと歩を進めたい。

鎌倉新仏教のダイナミズム

平安末から鎌倉にかけての時代は、旧来の貴族支配が大きくくずれ、新勢力たる武士階級の擡頭する、日本史上に稀《まれ》な激動期である。思想史として見ても、激動の時代に相わたる鋭利で雄勁で強靱な思想がつぎつぎと登場する。丸山眞男の講義も格段に熱を帯びて展開する。

激動の時代にあって、どちらかといえば被害者然として、受動的・消極的に時代とかかわったのが浄土信仰や末法思想だったとすれば、時代の渦中にわれから身を投じ、時代と能動的・積極的に格闘しようとしたのが、鎌倉の新仏教であり、新しいエートス（生きかた・習俗）をうみだした新興武士層であった。

まず鎌倉仏教論だ。その精神的境地を丸山眞男はつぎのように概括する。

聖俗の癒着〔鎮護国家的伝統〕が剝離され、仏法の超越化すなわち宗教的絶対者の超越性が高まっていくのと比例して、社会的集団行動のなかに見分けがたく混在していた宗教行動は個人の精神のなかに内面化されてゆく。絶対者と個人が中間的な媒介なしに、向き合うのである。こうして末法的終末感は社会的な危機感をこえて、人間そのものの危機意識の自覚へと成長してゆく。日本の宗教改革とよばれる親鸞・道元・日蓮などの宗教はいずれもこのような精神的基盤の上に生み出された。（講義録四・227）

時代とのかかわりの深さという点でも、普遍的理念の自覚という点でも、鎌倉新仏教の唱道者たちは日本思想史上の最高峰をなすとされる。

親鸞・道元・日蓮などに代表される鎌倉新仏教の思想的著作は、……時代の深刻な苦悩を直視する認識を、さらに自己の内面の奥底からの体験によって深化させたところに生れた魂の叫びであった。そこに提示された人間存在の本質についての思想は、日本思想史の上で他に類比を見ないほど独創的なものであっただけでなく、そこに流れる体験の深さ、情操の豊かさ、論理の透徹さは彼らをして優に世界の第一級の思想家に伍せし

（講義録四・231）

める に足りる。

この概括的評価を肉づけすべく、講義は親鸞、道元、日蓮の重要な文言を引用しつつ、その思想的意味をあきらかにしていくのだが、そして、とりわけ親鸞論は、引用と解説が見事に響きあって魅力的だが、ここでも、興味ある読者には、直接『丸山眞男講義録』に当たってもらうほかはない。いまは、この鎌倉仏教論においても、思想のダイナミズムをとらえる方法論として、日本的思考の原型が基軸にすえられていることをあらためて確認する意味をもこめて、親鸞、道元、日蓮の革新性を要約したつぎの一節だけを引用しておきたい。

一般に鎌倉仏教に共通した性格は、ステレオタイプ（儀礼）の惰性的な遵守から行動を解き放って、①生死という人間実存の問題を凝視させたこと、②明確な目標価値を設定したことと、③この単一の目標に雑多な関心を集中させることによって、（situationごとに分裂した行動other-directed behavior〔他者志向型の行動〕でなくて、すべての行動をその目標価値によってコントロールするという意味で）人間行動を合理化し、④日常性をルーティンの繰り返しでなくて、目標をめざす無限の決断過程としてダイナミックに旋回させることにあった。

（講義録四・294）

右の①②③④の反対側にあるのが、原型としての思考様式ないし行動様式であるのは、いうまでもない。

武士のエートス

鎌倉仏教論とならんで鎌倉時代の政治思想史のもう一つの柱をなす「武士のエートス（生きかた・習俗）」論は、丸山眞男の講義録のなかでひときわ異彩を放つ一章である。

これまで見てきた古代・中世の仏教思想史にしても、「武士のエートス」論のあとに展開される神道論、キリシタン論、近世儒教論にしても、仏教思想なり神道思想なりキリシタン思想、儒教思想なりを、一定の構想のもとに表現・主張・唱道する思想書がすでに存在する。が、武士のエートス論については事情がちがう。武士のエートスが成立してくる鎌倉時代に、そのエートスを明確に対象化し、一定の構想のもとにそれを表現・主張・唱道するような思想書は存在しない。武士のエートスは、東国の武士団の生活やたたかいや人間関係のなかから無意識のうちに生じてきたものなのだ。

そのことは、思想史講義の史料の質のちがいとしてもはっきりとあらわれる。たとえば、鎌倉新仏教を論じる際の中心史料は親鸞の『歎異抄』『教行信証』であり、道元の『正法眼蔵』であり、日蓮の『立正安国論』『高祖遺文録』である。が、武士のエートス論の中心史料は、『今昔物語』『宇治拾遺物語』などの説話集、『平家物語』『源平盛衰記』などの軍記物、鎌倉幕府編纂の歴史書『吾妻鏡』、最初の武家法『御成敗式目』等々なのだ。

右のことと関連して、武士のエートスの成立に外来の思想がさしたる影響をおよぼしていないことも注目を引く。仏教思想にせよ、キリシタン思想、儒教思想にせよ、もともと外からやってきたものであり、思想家たちは外来の思想を理解し、わがものとするのに多大の努力を払わねばならなかったが、武士のエートスに限ってそれはなく、武士階級の努力は、もっぱら、自分たちのエートス(生きかた・習俗)を定式化し、それを広く社会に承認させ、浸透させることに注がれた。外来と土着という区別を丸山眞男は使いたがらないが、あえてそれを使っていえば、武士のエートスはまちがいなく土着の——といっていいすぎなら、土着性の濃厚な——思想であった。

そして、武士のエートスのそうしたありかたは、丸山眞男の日本思想理解と衝突する。丸山眞男の思いえがく日本思想史の基本構造からすると、そのときどきの状況に応じて自分たちの思考や意志や価値観を組みかえ、流れにさからわないように生きていく共同体意識が日本的原型として底流にあり、時代や状況を超える普遍的理念や普遍的思想は外からやってくる、とされるのに、武士のエートスは、日本の社会のただなかから既成のエートスを超える普遍性をもって登場してくるのだから。

自分の理解に衝突する事例に直面して、丸山眞男の思考は緊張する。その緊張が事例を見つめる目を鋭くする。加えて、思想書から思想を抽出するのではなく、思想的とはいいがたい史料から思想を浮かびあがらせる作業の困難さが、思考をいっそう深く時代に内在させることにもなって、わたしの見るところ、武士のエートス論は丸山眞男の日本政治思想史講義の白眉ともいうべきものになっている。とりわけ、鎌倉時代に材をとったその前半部分は。

白眉の講義とはいえ駆け足で見ていくしかないが、エートスの母胎となる東国武士団の特質が、まずこうとらえられる。

一言にしていえば、それは一族・一門といわれる同族的結合と、主従の恩給的（封建的）結合との、二要素の統一体である。……

一族・一門・家門は、血族・姻族を包含し、擬制的血族までを含めて、武士団の中核をなす。多くは、自己の所領の開発者を先祖と仰ぐ祭祀共同体（共祭・共墓）である。

武士団の unit（単位）は一族よりは広いが、一族がその中核となり、それが祭祀共同体である点で、それはまぎれもなく古代の氏姓制の伝統をひいており、主従恩給制の側面が西欧封建制との類似性を示すのに対して、あきらかに日本の武士団をヨーロッパの騎士団と区別する特徴をなしている。血縁共同体およびその擬制的拡大が団結の大きな支柱となっているのである。（講義録五・60）

この武士団の現実の生活のただなかからうまれてきたものが、「兵の道」「弓矢の習」といわれる武士のエートスにほかならない。

兵の道、弓矢の習は、抽象的な、あるいは体系的なイデオロギーではないことは無論、日常生活にたいして外から、もしくは上から与えられた倫理的訓戒、ないしその集合体でもなかった。それは戦闘者としての武士の具体的存在状況そのもののなかから自生的に形成された習俗であり、それが自覚化されて武士の精神を内部から拘束する規範的意味をもったのちにおいても、その抽象化にはあくまで一定の限界があった。……理論化された武士の「道」も、具体的な武士の生活状況に底礎されてはじめて、生きた行動の規範たりえたのである。（講義録五・69）

兵の道、弓矢の習の核心をなすのが、名誉の観念である。

「弓矢の家に生れたるものは名こそ惜しめ、命は惜しまぬぞ」(『太平記』)

これは武士のエートスの中核観念といっていい。「名」とか武門の「誉《ほまれ》」というコトバで呼ばれる。将軍や武将に対する身命を捧げての献身と服従も、この名誉感に裏打ちされることによって自発性を得、たんなる職務的服従や、権力への黙従や、奴隷的屈従と異なったトーンを帯びる。(講義録五・75)

名誉感には外面的なものと内面的なものとの二つの側面があると丸山眞男はいう。外にむかう場合には、名声や評判を気にする立身出世的(対世間的)「個人主義」となり、内にむかう場合には、自尊心に支えられた独立と自由の「個人主義」になるという。日本の中世に「個人主義」などということばはあるはずもないが、それを承知で武士の名誉感のうちにあえて西洋風の「個人主義」を読みとろうとするところに、武士のエートスを普遍的なものとしてとらえようとする並ならぬ熱意を見ることができる。

武士団と個人主義

その「個人主義」がまた、武士の日常のただなかで育《はぐく》まれたものであった。

武将や郎従の強烈な独立精神と一種の「個人（正確には「家」を代表する個人）主義」は、もちろん彼らの多くが小なりといえども自己の所領をもつ領主だったこと、および武装が自弁であったことと密接に関連しているが、同時に、……一騎打ち的戦闘様式からも由来しているであろう。戦闘はまさに互いに武者としての身分的等質性を意識しあったものが対等に、一定の手つづきにしたがってフェアに行うところのゲーム――しかり、生命をかけた厳粛な遊戯であった。（講義録五・71）

武士団のもつこういう独立精神と「個人主義」を、合理的な法の形で表現したものが、御成敗式目であった。とすれば、御成敗式目も武士団の現実の生活から切り離せない。

式目の制定は、「貴種」源氏将軍のカリスマの時代が終って、武士団の特殊な構造の自覚の上に、幕府体制が築かれたことの表現である。……ここで評定衆の合議制が定められたのも、そのことに関連する。そこに一種の共和制的性格をもちえた。……

したがって、武士のエートスの法的合理化である御成敗式目の制定は、権力の一方的強制でなく、むしろ幕府権力の支柱であった在地御家人の相互対等性を基盤として、その既得権を擁護し、しかもダイナミックに動く実力関係のなかに平衡点を探しもとめて一般原則へと昇華した点に基本的特色がある。律令のような整然とした体系性はもたないが、あくまで武士の動的な生活事実のなかに根を下ろしたプラクティカルな法規であったからこそ、律令や明治以後の法典整備のような、外国法を継受した天降り立法に対して、法制史的にのみならず、思想史的にユニークな意味をもった。（講義録五・119～120）

御成敗式目の思想史的なユニークさの最たるものを、丸山眞男は「道理」の強調に求める。いま、式目末尾の起請文にふれた一節を引く。

「……およそ評定の間、理非においては親疎あるべからず、好悪あるべからず、ただ道理の推すところ、心中の存知、傍輩を憚らず、権門を恐れず、詞を出すべきなり。……」

ここでは、「道理」は何より、およそ権力と道徳の癒着から出た政教一致のイデオロギーとは対蹠的な意味さえ帯びる。事実上の権力、伝統的権威、あるいは自然的な（感情的・血縁的いずれの意味でも）親疎関係によって、裁判なり政道なりの決定がひきずられ、左右

されないことが「道理」なのである。（講義録五・126〜127）

事実上の権力からも、伝統的権威からも、自然的な関係からも、ぬけだしたところにある理非の判断基準が「道理」だとすれば、「道理」とは、まさしく、日本の「原型」的思考の対極にある普遍的原理にほかならない。東国武士団の独立精神と個人主義は、日本的な共同体生活のただなかから、共同体生活を超える普遍的理念をうみだしたということができる。しかも、その普遍的原理は、共同体内の紛争を裁く具体的・合理的な思考として働く以上、共同体から切り離されて、どこか抽象的な次元に祀りあげられるものではなく、あくまで現実の生活とのせめぎあいのなかでその普遍性を保ちつづけるものであった。その間の事情を、丸山眞男は、事実・先例・伝統と道理との関係として説明する。

道理はまさに武家政権を今日まで盛り立ててきたエネルギーであり、執権勢力の主体的な担い手である御家人の現実生活に内在するコモン・センスなのであり、「先例」尊重の実質は大部分、御家人の所領安堵――つまり実力または戦功で獲得した所領ないし所職の占有保護の精神に出ている……。その事実上の占有たるや、不断に侵害の危険にさらされ、あるいは逆に不法に他の御家人所領または本所・領家の特権を冒してゆくという、いずれにしてもきわめてダイナミックな性格をもっており、そこから起る訴訟を前提として、具体的に公平な解決を下してゆく原則が道理なのであった。したがって、その道理には、上下の権力・勢力関係、あるいは自然的親疎関係に左右されない規範性と、獲得された事実上の占有関係を尊重する事実主義と、二面性がある。……権力とか権威とか上からの事実上の力にたいする対抗物として措定された道理は、まさにそのことによって、御家人・領主・百姓の事実上の獲得された私的権利と離れがたく結びつくのである。（講義録五・131〜132）

社会のただなかから普遍的原理がたちあらわれるとき、それが、あらゆる利害や力関係を超えた純粋無垢の普遍性をもってあらわれることなどありえない。キリスト教の人類愛や隣人愛の原理は、古代ローマ帝国の下層民や奴隷を精神的に励まし、圧政下で生きる力をあたえるものだったし、フランス革命で謳《うた》われた人権や自由・平等・博愛の原理は、貴族階級や僧侶階級とたたかう新興市民階級の利害に密接不可分に結びつくものであった。利害や力関係のなかに組みこまれてこそ、思想は社会を動かす力をもつことができるのだ。が、その一方、結びついた利害や力関係に呑みこまれれば、原理としての普遍性が失われる。利害や力関係と不可分に結びつく思想的原理に、利害や力関係を超えた普遍性をどこまでこめられるか。原理を担う個人や集団や階級の思想的力量はそういう形で問われる。その意味で、古代ローマの下層民や奴隷、フランス革命時の市民階級は、並ならぬ力量を示したといえるが、同じ意味で、利害と暴力のからむ所領や所職の裁定に当たって、普遍的な「道理」をつらぬこうとした鎌倉の新興武士団は、並ならぬ思想的力量を備えていたといえるのである。

ここまでを武士のエートス論の前半とすると、室町時代の武士の動向をあつかう後半では、いまいう道理の規範性が失われ、むきだしの実力闘争が前面に出てくるさまが考察される。思想的力量が、衰微していくのが室町時代である。

そしてそのあと、中世の神道思想と中世末・近世初頭のキリシタン思想が二大テーマとなって、江戸の儒教思想・国学思想へとつらなっていくが、紙数の都合で、残念ながら二つのテーマにはふれられない。

第五章　思想の流儀について

わからせようとする意志のない本

わが家で、月に一回、近所の主婦、会社員、教員、自営業者、大学生などが集まって一冊の本について語りあう会を長くつづけている。その読書会で、一年ほど前に丸山眞男『日本の思想』(岩波新書)をとりあげた。

評判はすこぶるわるかった。おもに女性の参加者から、「わからせようとする意志が感じられない」「いいたいことが伝わってこない」「まわりくどいものいいかただ」「文章に血が通っていない」といった批判の言が強く出された。

虚をつかれる思いだった。この本が世に出たのが一九六一年、早速本屋で立ち読みし、のちに古本で買いもとめて何回か読む機会があったが、わからせようとする意志のない本、血の通わない文章と思って読んだことはなかったのだ。読むたびに話の内容にそれなりのおもしろさを感じたし、やや年をとってからは、日本人のものの考えかたを冷静に批判的に分析した本として、若い人にすすめたこともあった。

が、読書会で表明された強い異和感に嘘いつわりがあろうとは思われなかった。

異和感はどこからくるのか。

日頃つきあいのある近所の人びとの読書心理をあらためて思いやると、異和感は、政治学や政治思想史を専門とする学者と、学問世界とは直接にかかわりのない日常を生きる生活者との距離の大きさに、そして、著者丸山眞男が距離の大きさに無自覚であることに、由来すると思われた。

『日本の思想』に限らない。丸山眞男の著作も講義も座談の発言も、そのほとんどすべてが学問の世界にむけられている。学者にむかって、あるいは、学者たらんとするものにむかって、あるいは、学問的営為を価値あるものと認めるものにむかって、発せられている。わたしが『日本の思想』にさしたる異和感をいだかなかったのは、学者の位置に近づくようにしてこの本に接していたからだ。思いおこせば、その昔、「ササラ型」と「タコツボ型」という比喩に目のさめるような思いがして、自分の哲学研究が他領域に目をふさぐものにはならないように、と自戒したりもしたものだ。

が、学問にとっては、それぞれの学問分野が閉鎖的な「タコツボ」になって他の領域とのつながりを失うことよりも、普通の人びとの生活感覚から遊離して、表現が普通の生活者の異和感を募《つの》らせることのほうが、はるかに大きな問題だ。とりわけ、ごく普通の人びとが政治の主体（主権者）として登場することを希求し、そういう人びととともに民主的で自由な社会を作ろうとする、リベラリズムの学問と思想にとっては。

学問の世界と生活者の日常との距離の大きさに丸山眞男は無自覚だ、といったが、一九六一年という本の刊行年を考えると、無自覚は状況のしからしむるところという面がなくはなかった。距離が小さくなるのを期待させる状況がたしかにあって、ために、問題を深刻に受けとめるに至らなかった、というのが真相に近いかもしれない。『日本の思想』には収録されなかった同時期の講演で、たとえば丸山眞男はつぎのようにいう。

大衆の自己訓練能力、つまり経験から学んで、自己自身のやり方を修正していく——そういう能力が大衆にあることを認めるか認めないか、これが究極において民主化の価値を認めるか認めないかの分れ目です。つまり現実の大衆を美化するのでなくて、大衆の権利行使、その中でのゆきすぎ、錯誤、混乱、を十分認める。しかしまさにそういう錯誤を通じて大衆が学び成長するプロセスを信じる。そういう過誤自身が大衆を政治的に教育していく意味をもつ。これがつまり、他の政治形態にはないデモクラシーがもつ大きな特色であります。（集七・341）

民主主義の原理論を述べた一節と読むことができなくもない。が、やはりそれはそうではないだろうと思う。一九四五年の敗戦を契機とした日本の民主化運動——占領軍主導の民主化政策と、それを受けてのさまざまな場面での大衆運動——にたいする一定の賛意と肯定が、右のことばには底流していると思う。戦後民主主義と呼ばれる時代の大衆の動向は、丸山眞男にとって、みずからの政治理念の実現の方向に社会が動いている、と思わせるとともに、おのれの学問世界と大衆の生活との距離が小さくなる、とも思わせるものだったのである。

この言が一九五八年、二年後の一九六〇年には戦後の民主化運動の一大高峰ともいうべき安保闘争がたたかわれる。みずから一政治学者として、あるいは一市民として、たたかいに参加した丸山眞男の、以下は、闘争直後の発言である。

上からの憲法が、この闘争を通じて下からの憲法に変わってゆく。これは、日本の歴史においては画期的な転機なのである。その意味で、この闘争を通じて、はじめて日本国憲法は単なる条文ではなく、われわれの行動を通じた血肉の原理になってゆく。実際、今までのみなさんの話を聞いても、大衆の素朴な意識なり行動なりの中には人民主権的な意識というものが非常によく出ている。自分たちの将来を自分たちの自発的な選択によって方向を切り開いてゆくという形が出ていると思う。……

素朴な感覚として国民はこれだけ広汎な範囲において〔人民主権を〕理解している。ということは、政治なり経済なり、あらゆるものを国民の手に返《か》えしてゆく。同時に職場なら職場内における職場デモクラシー、組合員の自発的な行動、自発的な決定をどこまでも尊重してゆく。そういう身辺的レベルでのデモクラシーと全国民的なレベルにおける政治を国民の手にという課題とが、ここでまさに結合するわけである。

（集八・338～339）

安保闘争後四十年の歴史は、ここに述べられた期待に沿《そ》うようには動かなかった。だから、結果論からすると、丸山眞男の期待は過剰な期待だったか、読みちがえの期待だったか、ということになる。が、そんなことをいうためにわたしは右の文を引いたのではない。問題にしたいのは、学問の世界と大衆の動向との関係を丸山眞男がどう考えたか、である。

安保闘争と民衆の意識

六〇年安保闘争では戦後史上最大の大衆の政治的高揚が見られた。政治的に立ちあがった大衆は、たたかいを持続し、拡大し、勝利へと導くべく、力となる理論や思想や表現を求めた。日常性を超えた普遍的な理念や思想を求めた。反軍国主義と民主主義の思想家たる丸山眞男は、反安保の有力な論客として、その思想や発言に人びとの熱いまなざしがむけられた。その意味で、この闘争の前後は丸山眞男の思想と大衆の思いがもっとも接近した時期といえるかもしれない。

が、接近は政治状況ゆえに生じたもの、闘争の高揚のなかで大衆が普遍的な理念や思想に近づこうとしたがゆえに生じたもので、丸山眞男の側に接近しようとする志向は稀薄だったし、接近を通じてその思想や表現に変化が生じることもなかった。人民主権にめざめる大衆、というイメージが、なによりもよくそのことをあらわしている。

安保闘争に立ちあがった大衆は、人民主権の意識などなかったといえば嘘になるが、その意識よりも、戦争はもうこりごりだという意識と、政権を握る自民党の、数を頼んでの横暴はゆるせない、という正義感のほうがはるかに強かったと思う。また、国会周辺のにぎやかなデモや集会に参加してみたい、というおまつり気分もけっして小さくはなかったと思う。

大衆行動のそうした全体的雰囲気や、参加した一人一人の感覚や気分のありようを、丸山眞男が知らなかったはずはあるまい。それを知りつつ、人民主権の意識の高まりを願わずにはいられなかったのだ。願わずにいられないところに民主主義者丸山眞男の思想的使命感のごときものを見てとることができる。

が、その使命感は思想を民衆の生活に近づけるものではない。使命感の力点は、思想を変えるのではなく、民衆を変えようとするところに置かれているのだから。普遍的な思想や理念を民衆の生活に近づけるのではなく、民衆の意識を普遍的な思想や理念にむかって引きあげようとすることに力を注ぐ。それが丸山眞男の思想的感覚である。そこからは、思想が変われ、表現が変われ、という要請が出てこない。軍隊経験がその思想を民衆の生活に近づける契機とはならなかったように、安保闘争という政治経験も、丸山眞男の思想と表現を民衆の生活に近づける契機とはならなかったように見える。

思想と表現が民衆の生活に近づくとはどういうことか。話を具体的にするためにわたし個人の経験に照らしていうと、それはこういうことだ。

全共闘運動のあと、大学の哲学研究室を去り、東京近郊の住宅地で小さな学習塾を営みながら平行して哲学研究もつづけようとして、わたしは自分の内部に大きな分裂が生じるのを実感した。書斎で哲学書と格闘するときと、子育てをしたり、塾で子どもの相手をしたり、近所づきあいをしたりするときとでは、まるで感覚がちがうのだ。それでも最初は、あれこれわずらわしい日常生活の合間に、その拘束を振りはらって非日常的な哲学研究にたずさわるのだ、という気負いがなくもなかったが、そんな観念論は生活をゆたかにしない。哲学を生活的に、生活を哲学的に、と、分裂の橋渡しを考えるしかない。

しかし、これがすこぶるむずかしい。たとえば、生活を哲学的に、と思って、塾生の日常のありさまの描写を中心に、そのなかで、自分のものの見かた、子どもとのつきあいかたをも示唆するような塾通信を発行する。が、その文体も内容も、自分の哲学論文のそれとは大きくちがう。それとこれとは同じ意識の次元ではつづれない。で、生活と哲学の溝を埋めるつもりが、かえって溝の深さが意識される。反対に、哲学論文を多少なりとも塾通信に近づけようとしても、そんなことがおいそれとできるはずはない。

だが、そうやって生活と哲学とのあいだを行ったり来たりしていると、哲学が生活によって批判され相対化されるのがわかって、そのさまを大切に思い、また楽しみもする気分が生じてくる。哲学はそもそも現実にたいするなんらかの批判に発するものだから、生活が哲学によって批判され相対化されるのは当然のことだが、逆に、哲学が生活によって批判され相対化されることに、哲学は盲目になりやすい。哲学という学問世界で重視されるテーマ、そこでの問題意識、そこでの論の立てかたや論の進めかたを無条件に価値あるものと見なして、普通の生活者から見たときの、テーマの迂遠性、問題意識の抽象性・非日常性に無自覚になりやすい。そして、そこに無自覚でいると、定常化した行動のくりかえしと、つぎつぎにあらわれる具体的な問題への応接とからなる日常の生活よりも、抽象的な問題にじっくりとりくむ哲学研究のほうが高尚なものに思えてくる。

そういう意識にあぐらをかいていては、哲学研究と現実生活との交流はおぼつかない。

交流を進めていくには、哲学研究の迂遠性や抽象性にたえずめざめているとともに、日常の暮らしそのものに価値を見いだし、日常の場で哲学的思考を働かせる必要がある。

学問のありかた

心がまえとしてはそんなふうにいえるが、それを表現として具体化するのはきわめてむずかしい。わたしの場合、塾通信と哲学論文の二本立の表現がもう三十年近くもつづくが、この二つは、その文体からしても表現内容からしても、容易に接近してはくれないのだ。わたしの表現力の問題もあるが、根はもっと深く、学問と生活の乖離に発している。つぎの丸山眞男の発言は、戦前の学問のありかたを反省したものだが、戦後の学問はこの境地をどこまでぬけだしたといえるのか。

学問が学者の世界だけで通用して民衆的基盤の上に立っていなかったことを一番よく示したのは機関説問題です。天皇機関説ということは法律学者だけでなく、知識人の間ではコモンセンスであった。ところが、それがひとたび政治問題となって広く国民大衆というものまで含めた国民的な問題として提起されると、社会的に全然通用しない。大学がかえって孤立してしまうというようなことになった。これはやはり日本の学問そのものが……広汎な社会的なつながりをもって発展せずに特別の温室のなかだけで通用していたことを表わしておりまして……（座談一・316）

一口に学問といっても、自然科学と社会科学・人文科学では大いに事情が異なる。自然の真理や法則を探究する自然科学は、探究の途上では社会的なつながりを意識することも、意識する必要もほとんどなく、真理や法則を技術として生かす段階で一般社会との関係が問題として浮かびあがってくる。それが、社会科学や人文科学では、研究の対象が社会や人間だから、当然にも、対象のうちに、客観的な真理や法則だというだけで済まぬ価値や意味がふくまれ、研究の途上で外にむかってなされる口頭表現や文章表現も、社会の現実や人びとの暮らしを意識したものとならざるをえない。

が、明治以降の日本の近代的学問は、社会の現実や人びとの暮らしのなかから立ちあらわれたものとはいいがたい。むしろ、西洋の理論や方法を貪欲に摂取することを主眼とするものだったから、社会とのつながりは稀薄である。稀薄なのに、社会の近代化が西洋をお手本とする近代化であるため、知的エリートとして一定の尊敬を受け、みずからもエリート意識をもって高みから人びとを指導しようとする。「日本の学問そのものが……広汎な社会的なつながりをもって発展せずに特別の温室のなかだけで通用していた」のは、学者の資質の問題というより、西洋を手本とする日本の近代化のしからしむるところだったのだ。

戦後民主主義の時代といわれる敗戦後十数年の社会の動きも、日本の近代化の基本線を外れるものではなかった。いや、戦時下の非西洋的な軍国ファシズムへの嫌悪感ゆえに、西洋を手本とする近代化にいっそうの拍車がかかった。わたし自身、西洋の人権思想、民主主義思想、教養と文化の思想をまぶしいもののように仰ぎ、それをわがものとすることに精力を傾けていたことを率直に認めよう。そうした状況のなかで、丸山眞男は、まちがいなく、偉大な先達の一人であり、指導的な思想家と仰がれる人物の一人だった。

が、指導者と仰がれて丸山眞男が心安らかにその位置を占めていたわけではない。少なくとも政治の世界にかんしては、指導・被指導の関係が真の民主主義の成立と相容れないことに丸山眞男は自覚的だった。指導・被指導の関係を超えるものとして丸山眞男は「在家仏教」としての民主主義ということを考えた。

〔日本に一番根づきにくい考え方は〕専門、非専門にかかわらず市民としての政治的義務ということ、……ノンポリの政治的責任と義務ということです。実はノンポリの政治的責任という逆説でしかデモクラシーというのは正当化できない。ぼくは……在家仏教という比喩をよく使うんです。つまり宗教が坊主の宗教になったらおしまいなのと同様に、デモクラシーというのはもともと在家仏教であって、政治を職業としない、つまり坊主でない、政治以外の職業についているシロウトの政治的関心によってはじめて支えられるものです。

（集十二・175）

政治のシロウトが政治の関心をもたなければ真の民主主義はなりたたないと丸山眞男はいう。シロウトの関心とはどういうものか。どうすればもてるのか。そういう疑問がただちに生じてくる。答えの一つは、たとえばつぎのような形をとる。

民主主義を現実的に機能させるためには、……民衆の日常生活のなかで、政治的社会的な問題が討議されるような場が与えられねばなりません。それにはまた、政党といった純政治団体だけが下からの意思や利益の伝達体となるのではなく、およそ民間の自主的な組織（voluntary organization）が活潑に活動することによって、そうした民意のルートが多様に形成されることがなにより大事なことです。

（集五・189）

自由権とか抵抗権とかいう考え方というものは、政治的集団と全く独立な自主的集団というものの考え方が根づかないと成長しないんじゃないかと思う。……文化とか教育とか政治以外の価値規準をもとにした人間の社会的結合というものがよほど根づかないと、どうも国家とか政治に対する自由とか抵抗とかという考え方が定着しない。

（座談四・31）

政治の支配に抵抗できる非政治的で自由な自主的集団。一時期、丸山眞男は労働組合がそんな集団に成長することを期待したようだが、それはかなわぬ夢におわったように見える。

学者や芸術家のあいだにそういう集団ができるのを期待したふしも見える。たとえば、つぎのような発言のうちに。

グッドネスというのは、……政治のなかにはない。どんな政治制度にしても、政治的党派にしてもそこに善や正義が「内在」していると考えたら間違いだし危険だ。……人間の価値は本来的に政治的人間ではない。……

価値基準は芸術とか学問とか、つまり政治的以外の価値基準の上に立って政治的選択をして行く……。その意味で、政治の優位ってのを認めない。……芸術とか学問とかい

前章で問題とした、日本人の思考様式の「原型」とか「古層」とか「執拗低音」と呼ばれるものとそれは通じているはずだ。

それを「原罪」だといい、「切らねばならない」と丸山眞男はいう。そのいいかたは、過去の日本人が生きてあることとそのことを、否定することにならないか。「原罪」的な思考が部落共同体の生活とわかちがたく結びついているとすれば、「原罪」的思考の否定は部落共同体的生活の否定へとむかうことにならないか。思考様式が生活の実質に近ければ近いほど、いいかえれば、無意識であればあるほど、それを否定することはむなしい試みに思える。否定によって思考様式が変革されることなどありえない、思考様式を育《はぐく》んだ生活の実質と外からそれを否定する思想との距離が広がるだけだ。

「原型」や「古層」と目される生活密着の思考様式にたいしては、その存在を容認し、それに内在し、その意味するところを広く深く追跡していくしかないと思う。それは生活の自然というに近く、あえて肯定することも否定することも無用のさかしらに思える。認識を深めるべき対象としてむきあうほかはないと思う。

暮らしの側からの視点

丸山眞男が否定するのは、「内と外」の思考法だけではない。「ズルズルと現実に引きずられるコンフォーミズム」とか、「いま」中心の考えかたとか、けじめのなさとかが、いうならば悪しき思考伝統として槍玉《やりだま》にあげられる。背景には、西洋近代の個人主義思想や合理主義思想をよしとする考えがある。

が、「内と外」の思考法や、現実べったりのコンフォーミズムや、けじめのなさが、人びとの生活に密着した自生の思考様式だとすれば、それと個人主義思想や合理主義思想を対立させて、一方を肯定し他方を否定するのは、思想の流儀として生産的ではない。個人主義や合理主義がどんなにすぐれた思想であっても、それによって人びとの暮らしそのものを否定することはできない。生活に密着した無意識の思考様式にたいしては、これを単純に否定することなどできはしない。個人主義や合理主義が日本の社会に生きるとすれば、それは無意識の思考様式を否定することによってではなく、それをかいくぐるなかで日本的な生活の息吹を吹きこまれることによるしかない。無意識の思考様式は、その基盤をなす人びとの過去・現在の暮らしとともに、否定さるべき対象としてそこにあるのではなく、さまざまな思想がそこから生いたつ可能性を秘めた場として、そこにあるといわねばならない。

そういう意味で、人びとの普通の暮らしと、それに密着した無意識の思考様式は、政治的な価値や、芸術あるいは学問の価値の基底をなす、価値の基本だということができる。さまざまな思想の立場から見て、それがどんなに肯定されようと、また否定されようと、あらゆる肯定と否定の前に、そこにあるものとしてその存在が受けいれられねばならない。むろん、日本思想史や日本政治思想史も、そこを出発点として前に進むほかはない。

丸山眞男は講義録と論文の形で何回か思考様式の原型（古層）について語っているが、それを見ていくと、年とともに原型が批判・否定の対象から認識・分析の対象へと移っていくのがわかる。後々まで、原型（古層）を、乗りこえるべきものと考えていたことに変わりはないけれども、日本思想史における原型（古層）の根深さがしだいに明確に意識され、綿密な構造分析が施されていく。その政治思想史のなかで、武士のエートス論が重厚な思想論としてとりわけ目を惹くのも、鎌倉武士のエートスが原型（古層）を土壌とする生活の思想でありながら、原型（古層）を超える思想性をはらんでいること、いいかえれば、原型（古層）の思想的可能性が武士のエートスにおいて大きなふくらみを見せることと深くかかわっている。武士のエートス論を通じて、丸山眞男の目は日本人の生活の基底へと深くわけいるに至っているのだ。

それとは別の面から原型（古層）の可能性に光を当てたものとして、『講義録〔第七冊〕』

の国学論がある。そこでは、国学の思想史的意義が以下のように概括される。

第一に、閉じた社会の人為性の不自然さが漸次露呈してゆき、そのなかから、人間性の自己主張、さらには従来政治的価値に従属していた学問・芸術の自律的創造性への途が切り開かれてゆく過程としてとらえうる。そのかぎりでこれは、日本の所与の条件のなかでの近代意識の勃興といってもいいだろう。しかしその他に第二に、精神的鎖国による外部からの刺激の遮断のために、精神生活の底辺に沈澱していた原型的思考と価値意識が発酵作用をおこし、やがて奔騰して、従来の抽象的レヴェルにおける教説・イデオロギーにおける原理的普遍性や規範的拘束性を、すべて外来の、内側からの生の発現を束縛する空虚な「形式」としてつき崩してゆく過程としてもとらえうる。……かくて、思想運動としての国学は、まさに……特殊江戸時代的な条件の下における「原型」のふきあげ(噴出)と近代意識の成長とのからみあいをもっとも典型的に示している。(講義録七・280〜281)

「原型」的思考と近代意識の成長とがからみあう、というとらえかたは、「原型」的思考に欠如している普遍的理念——近代意識もその一つだ——がたえず外からやってくる、という丸山眞男常套のとらえかたとはちがっている。思想を見る目の充実と成熟を示すものといってよかろう。

そういう形で人びとの暮らしに密着する思想が容認でき、あわせて人びとの暮らしそのものが容認できれば、暮らしの側からやってくる、芸術や学問にとってまことに厄介な視線――芸術や学問の価値を疑問視する視線――にも、ある種のユーモア感覚をもって耐えることができるだろう。政治にはグッドネスがなく、政治の優位は認められない、というのはよい。が、政治のかわりに芸術や学問に優位を認めるというのはどうか。政治に拮抗し、政治からの自由と自立を求める芸術や学問といえども、そこに絶対の価値があるとするのは幻想かもしれないのだ。人びとの暮らしの感覚からすれば、芸術や学問が無価値に見えることは十分に考えられるし、ひょっとしてそれが真実かもしれない。芸術や学問のうちにきざすユーモア感覚とは、そんなふうにいってみることのできる感覚である。

著作や講義録や座談を読むかぎり、丸山眞男はユーモアとは縁の遠い人だった。「偽善のすすめ」などというひねった題名の小論を読んでも、中身は真正直に偽善の大切さが説かれていて、ちっともユーモラスではない。「よの法師など仰がるる人、あるひは学者などのものしり人、月花をみてはあはれとめづる顔をすれど、道ゆくよき女の顔みてはそしらぬ顔してすぐるはまことににや」(玉勝間)といった、読みようによってはユーモラスに読める一

節も、

これはまさしく後世の文学者や「庶民的」評論家が、「謹厳な大学教授」をからかうステレオタイプの原型である。（集九・326）

と切って捨てられる。自身学者だった『玉勝間』の作者本居宣長は「道ゆくよき女の顔みて」どうしただろうか、とか、後世の文学者や「庶民的」評論家はさておき、庶民そのものの目に「謹厳な大学教授」はどう見え、どうからかわれる――あるいは尊敬される――のか、といった疑問をそこから引きだせば、それは、「偽善のすすめ」という論題にいかにもふさわしいユーモラスな論点となっただろうに。

知的社会と民衆の生活

思えば、丸山眞男の敬愛してやまぬ福沢諭吉はユーモアにあふれた思想家だった。晩年の作『福翁自伝』など、抱腹絶倒の書といってよい。話をおもしろおかしく展開しようとする福沢諭吉の話芸やサービス精神もさることながら、福沢諭吉のうちに犀利明敏な啓蒙思想家と春風駘蕩たる生活人とが同居することが、おかしさの源となっている。

時代もちがえば、境遇や社会的位置もちがう丸山眞男に同質のユーモアを求めることは筋が通らない。が、丸山眞男のうちに啓蒙思想家の視点は強力に、ゆるぎなく存在するのに、生活人の視点はそれにくらべるとずっと稀薄で、ために、その論が謹厳に傾きすぎるとはいっていいだろうと思う。「謹厳な大学教授」が庶民にどう見えるか。それはからかいの種にして済ませるような問題ではないし、すぐに正解の見つかる問題でもない。知的社会にかかわりをもつものにとって、それは、おのれの思想的位置を見さだめる上で、ぬきさしならぬ問題なのだ。

丸山眞男の文章は、学術論文といわれるものからすると、読みやすい部類に入ると思う。が、政治思想や政治思想史を専門としない普通の読者には、やはり、近づきやすい文章ではない。それをしかたのないことだとは、丸山眞男はいわないはずだ。政治が無名の大衆のものになることを希求した丸山眞男は、思想や学問だって無名の大衆のなかに生きることをこそ願ったはずなのだから。文章の近づきにくさは、ファシズム論や近代化論や日本思想史を論述する丸山眞男が、普通の人びとの暮らしからやってくる視線をうまく感受できなかったことと無関係ではない。むろん、それはひとり丸山眞男の問題ではない。知的社会と民衆の生活とのあいだをどう橋渡しするかは、この社会で知的に生きようとするものがだれしも担わざるをえない課題なのだ。

丸山眞男につぎの文がある。

知性の機能とは、つまるところ他者をあくまで他者としながら、しかも他者をその他在において理解することをおいてはありえない……。（集九・44）

知的社会にかかわるものにとって、いまなお、最大の他者とは、知的に洗練された学問や思想からは遠い所にあって、悲喜こもごもの日々を過ごす民衆であることに変わりはないのである。

あとがき

　丸山眞男は、わたしのなかで、ずっと気にかかる存在だった。

　その思想を肯定しようと思えば肯定できるし、否定しようと思えば否定もできる。が、肯定しても否定しても、なにか割り切れぬものが残る。そんな坐りのわるい存在が、わたしにとっての丸山眞男だった。

　そうなる大きな理由の一つに、もう四十年近くも昔のことだが、吉本隆明の『丸山眞男論』を読んだことがあげられる。六〇年安保闘争の余波がいまだあちこちに見られるころのことだ。それ以前に丸山眞男の言動をまぶしいもののように仰ぎみていたわたしは、吉本隆明の果敢な丸山眞男批判に出会って衝撃を受け、自省を強いられた。吉本隆明の批判は、内容からするとそんなに納得できるものではなかったが、自分が丸山眞男にたいしてまったく批判的視点をもてていないことをしたたかに思いしらされて、足元が大きくゆらいだ。以後、警戒心なしに丸山眞男を読むことがむずかしくなった。

　こんど現代新書の一冊として丸山眞男論を書こうと思いたって、全十六巻の『丸山眞男集』、全七冊の『丸山眞男講義録』、全九冊の『丸山眞男座談』を読みすすむなかでも、いまいう警戒心は容易に解けなかった。読むうちに丸山眞男が坐りのいい存在になる、というわけにはいかなかった。ならば、割り切れぬ思いを無理に抑えこまないで論を進めよう。執筆に当たっての、それがわたしの覚悟だった。割り切れぬ思いで立ちむかうとき見えてくるものだってなくはなかろう。それをこそきちんと書きとどめよう。そんな思いで原稿用紙にむかった。

そのこととは別に、もう一つ、本文のどこかで書こうと思いつつ書きそびれたことを、この「あとがき」でいっておきたい。丸山眞男の私的なメモを編集した『自己内対話』(みすず書房)のことだ。

折りにふれての感想をつづったこのメモは、さきにあげた三つのシリーズとは語り口がずいぶんちがっている。読みようによっては、そこに、論の形をとる前の丸山眞男の本音が吐露されているようにも読める。が、丸山眞男のごとくおのれに誠実な書き手にたいして、私的メモに本音をさぐるようなやりかたは、なにかそぐわない。さらにいえば、もし丸山眞男が生きていたら、感情にまかせて筆を進めた部分の少なくない私的メモの公刊を、承認していたかどうか。そんなことが思われて、この本では『自己内対話』については一切言及しないことにした。(ちなみに、この本の書評をわたしは刊行直後に「週刊読書人」紙上でおこなっている。近刊の『哲学者の休日』(作品社)に同文が収録されているから、興味のあるかたはそちらを見ていただきたい。）

本がなるに当たっては、講談社学芸図書第一出版部の上田哲之さんのお世話になった。感謝する。上田さんと丸山眞男についてあれこれ語るのが楽しかった。

二〇〇一年四月十六日

長谷川　宏

講談社現代新書　1554

丸山眞男《まるやままさお》をどう読《よ》むか

二〇〇一年五月二〇日第一刷発行

著者――長谷川《はせがわ》　宏《ひろし》　©Hiroshi Hasegawa 2001

発行者――野間佐和子　発行所――株式会社講談社
東京都文京区音羽二丁目一二―二一　郵便番号一一二―八〇〇一
電話（出版部）〇三―五三九五―三五二一　（販売部）〇三―五三九五―三六二六　（製作部）〇三―五三九五―三六一五
装幀者――杉浦康平＋佐藤篤司
印刷所――凸版印刷株式会社　製本所――株式会社大進堂
（定価はカバーに表示してあります）　Printed in Japan

N.D.C.121　235p　18cm
ISBN4-06-149554-2　（学一）

「講談社現代新書」の刊行にあたって

教養は万人が身をもって養い創造すべきものであって、一部の専門家の占有物として、ただ一方的に人々の手もとに配布され伝達されうるものではありません。

しかし、不幸にしてわが国の現状では、教養の重要な養いとなるべき書物は、ほとんど講壇からの天下りや単なる解説に終始し、知識技術を真剣に希求する青少年・学生・一般民衆の根本的な疑問や興味は、けっして十分に答えられ、解きほぐされ、手引きされることがありません。万人の内奥から発した真正の教養への芽ばえが、こうして放置され、むなしく滅びさる運命にゆだねられているのです。

このことは、中・高校だけで教育をおわる人々の成長をはばんでいるだけでなく、大学に進んだり、インテリと目されたりする人々の精神力の健康さえもむしばみ、わが国の文化の実質をまことに脆弱なものにしています。単なる博識以上の根強い思索力・判断力、および確かな技術にささえられた教養を必要とする日本の将来にとって、これは真剣に憂慮されなければならない事態であるといわなければなりません。

わたしたちの「講談社現代新書」は、この事態の克服を意図して計画されたものです。これによってわたしたちは、講壇からの天下りでもなく、単なる解説書でもない、もっぱら万人の魂に生ずる初発的かつ根本的な問題をとらえ、掘り起こし、手引きし、しかも最新の知識への展望を万人に確立させる書物を、新しく世の中に送り出したいと念願しています。

わたしたちは、創業以来民衆を対象とする啓蒙の仕事に専心してきた講談社にとって、これこそもっともふさわしい課題であり、伝統ある出版社としての義務でもあると考えているのです。

一九六四年四月　　野間省一

哲学・思想

66 哲学のすすめ——岩崎武雄
148 新・哲学入門——山崎正一 市川浩
159 弁証法はどういう科学か——三浦つとむ
168 実存主義入門——茅野良男
171 構造主義——北沢方邦
176 ヨーロッパの個人主義——西尾幹二
285 正しく考えるために——岩崎武雄
501 ニーチェとの対話——西尾幹二
788 現代思想のキイ・ワード——今村仁司
871 言葉と無意識——丸山圭三郎
898 はじめての構造主義——橋爪大三郎
916 哲学入門一歩前——廣松渉
977 哲学の歴史——新田義弘
989 ミシェル・フーコー——内田隆三
1001 今こそマルクスを読み返す——廣松渉
1002 言葉・狂気・エロス——丸山圭三郎
1007 日本の風景・西欧の景観——オギュスタン・ベルク 篠田勝英訳
1024 自由の悲劇——西尾幹二
1071 ヴァルター・ベンヤミン——高橋順一
1075 精神病理からみる現代思想——小林敏明
1088 ヨーロッパ「近代」の終焉——山本雅男
1123 はじめてのインド哲学——立川武蔵
1178 都市のコスモロジー——オギュスタン・ベルク 篠田勝英訳
1179 素朴と無垢の精神史——P・ミルワード 中山理訳
1181 ソクラテスはなぜ裁かれたか——保坂幸博
1210 イスラームとは何か——小杉泰
1235 スウェーデンボルグの思想——高橋和夫
1237 アーユルヴェーダの知恵——高橋和巳
1244 「気」で読む中国思想——池上正治
1248 20世紀言語学入門——加賀野井秀一
1263 フランス現代哲学の最前線——C・デカン 廣瀬浩司訳
1286 哲学の謎——野矢茂樹
1293 「時間」を哲学する——中島義道
1298 論証のレトリック——浅野楢英
1301 〈子ども〉のための哲学——永井均
1315 じぶん・この不思議な存在——鷲田清一
1317 意識と存在の謎——高橋たか子
1325 デカルト=哲学のすすめ——小泉義之

★

13 論語——貝塚茂樹
207 「無」の思想——森三樹三郎
322 中国人の知恵——諸橋轍次
529 古代インドの神秘思想——服部正明
756 「論語」を読む——加地伸行
761 「三国志」の知恵——狩野直禎
846 老荘を読む——蜂屋邦夫
853 「韓非子」の知恵——狩野直禎
924 ヨーガの哲学——立川武蔵
997 空と無我——定方晟
1056 「気」の不思議——池上正治
1079 江戸の無意識——櫻井進
1126 「気」で観る人体——池上正治
1139 酒池肉林——井波律子
1163 「孫子」を読む——浅野裕一
1167 「葉隠」の叡智——小池喜明
1303 輪廻転生を考える——渡辺恒夫
1323 〈わたし〉とは何だろう——岩田慶治

★

225 現代哲学事典——山崎正一 市川浩編
921 現代思想を読む事典——今村仁司編
1142 南方熊楠を知る事典——松居竜五 月川和雄 中瀬喜陽 桐本東太編